U0103899

古 都 穿 越 指 南

Published by arrangement with Thames & Hudson Ltd , London ,
Shakespeare ' s London on 5 Groats a Day© 2009 Thames & Hudson Ltd , London
This edition first published in China in 2023 by SDX Joint Publishing Company , Beijing
Chinese edition ©2023 SDX Joint Publishing Company

莎士比亚伦敦穿越指南

［英］理查德·塔姆斯 著

刘佳 译

生活·讀書·新知 三联书店

图书在版编目（CIP）数据

莎士比亚伦敦穿越指南／（英）理查德·塔姆斯著；刘佳译. —北京：
生活·读书·新知三联书店，2023.4
（古都穿越指南）
ISBN 978－7－108－07493－5

Ⅰ.①莎… Ⅱ.①理… ②刘… Ⅲ.①伦敦－历史 Ⅳ.① K561

中国版本图书馆 CIP 数据核字（2022）第 167957 号

责任编辑 李　佳
装帧设计 刘　洋
责任校对 常高峰
责任印制 张雅丽
出版发行 **生活·讀書·新知** 三联书店
　　　　　（北京市东城区美术馆东街 22 号 100010）
网　　址 www.sdxjpc.com
图　　字 01-2019-5186
经　　销 新华书店
印　　刷 三河市天润建兴印务有限公司
版　　次 2023 年 4 月北京第 1 版
　　　　　2023 年 4 月北京第 1 次印刷
开　　本 880 毫米 × 1230 毫米 1/32　印张 6.625
字　　数 114 千字　图 88 幅
印　　数 0,001－3,000 册
定　　价 69.00 元
（印装查询：01064002715；邮购查询：01084010542）

伊丽莎白立于其王国的中心，女王陛下光芒四射的注视驱散了风暴，使王国沐浴在阳光之中

目 录
CONTENTS

一 准备出发

背景知识 & 旅行目的 & 时政 & 女王陛下

不管你是来自何方，都不要认为伦敦人会抬一抬眉毛。他们知道1599年的伦敦城还未必是欧洲最大的城市，但是，在他们心目中，伦敦一定是最好的城市。

> 若是说到谈吐举止、时尚礼仪，那伦敦无疑是超越其他所有城市了。
>
> ——安德鲁·布尔德，*1548 年*

> 法国的城市都无法和伦敦相比，首先，伦敦有着宜人的居住环境；其次，想想那些漂亮的宫殿、皇家建筑……年轻人在笃信宗教的环境中成长，其子女接受的良好教育……供居民休闲的、没有城门阻隔的令人愉悦的步道。
>
> ——约翰·科克，*1550 年*

不少外国旅行者同意他们的看法：

> 伦敦城物资丰富，从食品杂货到衣物水产。伦敦还拥有一座世界上最漂亮的桥。
>
> ——斯蒂芬·佩兰，*1550 年*

> 这个城市本身非常棒，同时它还拥有开阔的郊区和一座雄伟的城堡——伦敦塔……国王在伦敦举行隆重的加冕仪式以及盛大的即位典礼……对于博学的人来说这里充满了奇迹。
>
> ——格奥尔格·布劳恩，弗兰斯·赫根博格，*1572 年*

当然，也有警告：

> 伦敦的居民……非常骄傲，盛气凌人；大部分人，尤其是商贩们，因为几乎没有去过别的国家，而只是在自己的店铺里照料生意，对外来者毫不在乎，充满了轻蔑嘲笑。
>
> ——符腾堡公爵腓特烈，*1592 年*

然而，如果你已经打算把伦敦作为首选目的地，那你应该很高兴看到这样的背书：

> 伦敦……和其他的英格兰城镇相比是如此地卓尔不群，与其说伦敦是英格兰城市，倒不如说英格兰存在于伦敦，因为英格兰最为灿烂辉煌之物可能都存在于伦敦及其周围地区；因此在伦敦及其周边观光的人就可以毫

伦敦语言

Bedlam　疯人院（语源：伯利恒疯人院）

port　城门

quarantine　隔离（语源：意大利的 quaranta 家族，quaranta 本义为"四十"）

ward　伦敦的26个行政区之一

旅途中的凶险。估计你不太会像麦克白一样，在去往伦敦的路上碰上三个女巫——碰上一个还是有可能的

不夸张地说自己已经领略了英格兰的精髓。

——托马斯·普拉特，1599年

背景知识

如果你是那种出发前喜欢做功课的旅行者，那么有几本书属于必读了。威廉·卡姆登的《不列颠志》（*Britannia*）是对英格兰文物古迹的权威巡礼，不过此书只有拉丁文版。想了解历史就看看拉斐尔·霍林斯赫德的《编年史》（*Chronicles*）。《编年史》其实是皇家印书商雷金纳德·沃尔夫过于野心勃勃的世界史宏伟大计的一部分。沃尔夫花了25年时间在这个项目上，最终却什么也没有印出来。他去世之后一些出版商合作把项目规模缩小到英格兰、苏格兰和爱尔兰。除非对古代史非常有兴趣，否则只看

第二卷就够了，这一卷用 1876 页的篇幅涵盖了自诺曼征服开始的历史。第二卷修订版的历史写到了 1586 年。莎士比亚和其他剧作家在其历史剧中引用《编年史》的内容，有时候甚至是一字不改！

作为修订版霍林斯赫德项目的一部分，出版商们委托威廉·哈里森牧师编写一部当代的《英格兰纪实》（Description of England）。尽管偶有偏离，这本书却写得非常精彩，观察犀利，笔触生动，叙述准确。用了整整一章篇幅描写英格兰犬的凶猛好斗，也算是对这种国民癖好的小小宠溺了。

至于伦敦本身，必须要列入清单的权威著作刚刚出版，作者是约翰·史铎。不同于前文提到的那些知名作家，史铎并没有上过大学，完全是自学成才。史铎是个技艺精湛的裁缝师傅，一辈子生活在伦敦，耳闻目睹了过去七十年间伦敦翻天覆地的变化。他喜欢收集各种古旧书籍折页，这却给他惹来了麻烦，因为其中很多作品是宗教改革之前的产物。好在审查之后，他的爱国之心就再无人质疑了。史铎的《伦敦志》（Survey of London）对伦敦的各个行政区进行了事无巨细的描述，可以肯定这样的著作是永远不会停印的。

历史学家威廉·卡姆登，他也曾经担任过声名显赫的西敏公学校长

到伦敦去还需要出色

的地图。全国的测绘制图工作进行得缓慢但是有条不紊。1575 年到 1579 年间克里斯托弗·萨克斯顿在枢密院授权下绘制了包括英格兰和威尔士所有郡县的首套地图。自 1593 年起，约翰·诺登就一直致力于对这套地图进行更新。到目前为止他已经自掏腰包做了大量的工作，而且目测短期内这项自发承担的任务也不会完工。无论如何，旅行者会发觉诺登版新地图很有帮助，这版地图涵盖了伦敦

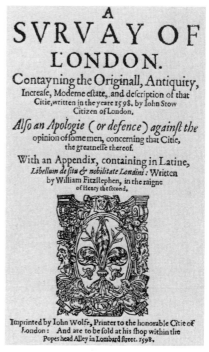

史铎的《伦敦志》中收录了威廉·菲茨斯蒂芬 1170 年前后对于伦敦的描述——这是史上第一次伦敦本地人对于伦敦的描述

周围的郡县，即米德尔塞克斯郡、赫特福德郡、萨塞克斯郡和萨里郡。

旅行目的

想去伦敦观光完全用不着找什么理由了。当然，如果你为了某些特定的目的要去伦敦，比如做生意、治病、读书或者法律培训，那以下的注意事项可能会有所帮助。

经 商

伦敦是一个巨大的、优秀的、充满能量的商业城市，也是整个英格兰王国最为重要的城市：从法国、荷兰、瑞典、丹麦、汉堡以及其他王国驶来的商船，几乎可以直接停靠到伦敦城，源源不绝地运来货物进行贸易再满载而归。

——符腾堡公爵腓特烈，1592 年

正如所有远离海岸线的内陆贵族那样，符腾堡公爵也没能预见到英格兰贸易现在已经远远超越了欧洲大陆的边界。理查德·哈克里特自告奋勇担任了记载英国"海外探险、拓展业务"的任务。他谦逊地指出，"在英明神勇、威名远播的女王陛下领

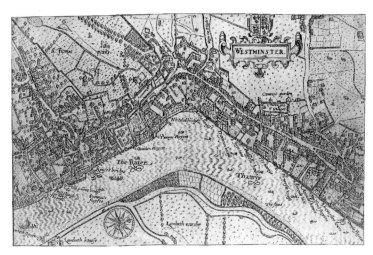

合而为一的大城市。西敏寺地区原本是王宫的郊区部分，现在因沿河的住宅已和伦敦城区连成一片，但是乡村并不远

导下，在上帝的特殊眷顾下，他们已经超越了世界上所有其他国家和民族"。英格兰的旗帜第一次飘扬在里海海面上，他们与波斯国王、奥斯曼土耳其苏丹以及香料群岛的王公贵族商定了贸易

金币		银币	
名称	换算成先令	名称	换算成便士
金镑（23.5开金）	30	先令	12
金镑（22开金）	20（=1英镑）	六便士	6
皇家玫瑰	15	格罗特	4
半英镑/天使金币	10	三便士（读作 thruppence）	3
四分之一镑/小天使金币	5	半格罗特	2
八分之一镑/四分之一天使金币	2.5	一个半便士	1.5
		便士	1
		三法寻	1/4
		半便士（读作 haypnee）	1/2

英格兰人把他们的货币称作sterling，这个词来源于Easterling，本义指来自东欧商人使用的质量上乘的银币。铸造英镑银币（sterling），必须保证其中至少有925份银比75份铜。sterling这个词也进入了日常用语，如果有人称呼你是a sterling fellow，那就是说他认为你是个值得信赖的人，而不是说你是个放债的。

伦敦作为名列前茅的国际性港口，经常会有很多外国货币流通。荷兰盾（荷兰弗洛林）兑换率是二先令。西班牙达克特兑换率为六先令八便士（即半马克）。法国克朗差不多兑换六先令或者六先令四便士——一涉及法国人那就总是飘忽不定了。

特权。的黎波里、阿勒颇和巴士拉都能看到英格兰代理商的身影。英格兰舰队在葡萄牙的印度贸易大本营果阿挑战葡萄牙人，在拉普拉塔河上停泊，"巡航在智利、秘鲁以及新西班牙后花园所有地区的海岸边，……穿过浩瀚的南太平洋，……满载着来自中国的货物返航"。有关集市和购物请参见第八章。

医　疗

身在异国的旅行者，如果不幸染病或者出了意外，那么在伦敦可以得到最好的医疗救治。

伦敦的医生医术精湛，早在1518年，皇家医师协会就已经成立，以控制医师执业的人数和维持水准。执业许可要经过以拉丁文进行的考试，因此，毫无疑问地将女性排除在外了。根据国会法令，每年会有四具死刑犯的尸体供医师协会的学生解剖实验课使用。你会发现这样的课程颇有教益，而且可能还相当有趣。给解剖室杂工一笔丰厚的小费就可以保证你能进去了。

医生掌控着"内服"药物的处方权，这里的"内服"药物包括口服药剂、药片和灌肠剂。伦敦医生的显赫声名意味着他们经常通过信件会诊，开具处方，而实际上可能压根儿没有见过病人，更别说亲自看诊了。

医师以下一等则是兼任外科医生和牙医的理发师，他们自1540年就成立了行业协会，主要的业务范围包括正骨、放血和拔牙。当然，他们也负责剃须和理发。

药剂师还没能成立独立的行业工会，但是声望在逐渐提升。

伦敦同业公会负责发放药剂师的营业执照，同时还负责药品进口的管控。药剂师主要负责按照医师的处方准备药品，同时也售卖各种偏方需要的原料。

草药师可以开药治疗一些小病小痛。很多草药师都在街上做生意，兜售他们的药剂，你若付不起钱的话，他们也可以接受一顿饭或者食物作为报酬。

助产士则是由教会发放执业许可。他们有权为婴儿施行紧急洗礼，并且立誓不得提供堕胎服务，不得使用巫术。在婴儿父亲身份不明的情况下，他们还需要尽力确认父亲的身份，以免抚育婴儿成为本堂区的责任。

大多数伦敦人在初染疾病时都倾向于自行用药，随着越来越多的英文（而非拉丁文）医疗手册的出现，这样做变得越发容易。这尤其令有执业资格的医师们恼火。曾经当过修道士的安德鲁·布尔德医生的《健康日课》（*A Breviary of Health*）就是一部令人信赖的权威作品，风靡了差不多半个世纪。更近一些，约翰·杰勒德的《草木志》（*Herbal*）涵盖范围广泛，描述了差不多300种植物及其功用，也包括药用功效。

伦敦生活

英格兰货币在经历了几十年的贬值之后，终于回复了平稳。但是却并没有人抓住这个机会削减英格兰硬币的数量，其中某些硬币还有不止一个名称。为了每天付账，你需要知道，12便士=1先令，12先令=1英镑。此外还有用于记账的单位马克，1马克=13先令4便士，一般用于支付薪水、养老金、租金以及其他商业用途。但是却并没有等同于马克面值的硬币存在。

瘟疫期间大部分尸体都是集中掩埋,而无法装殓举行体面的葬礼

预防瘟疫

伦敦和其他大城市一样,会时不时遭受瘟疫以及其他流行病的袭击。伦敦市政当局遵循最新的意大利防疫措施以尽量减轻影响,即:

· 到埠船只一律隔离 40 天;

· 有传染病例的房屋连同其内居民封闭隔离 20 天;

· 剧场演出、集市及其他一切非必要聚集性活动一律停止;

· 葬礼参加者不得多于六人;

· 康复中的受感染者必须随身携带一根一码长的白色木条;

· 流浪猫狗就地宰杀,城区内不允许养猪;

· 街角点燃篝火以净化空气;

· 乞丐不得在城里逗留;

· 感染者的衣物被褥需焚烧;

· 指定"审查人员"入户巡视确认死因;

· 市郊建立隔离医院收容病重垂死者。

堂区执事系统记录每周因传染病去世者的时长达四十年之久。出版同业公会每年向政府提交一份全城反馈信息汇总，区分传染病死因和其他死因，确认哪些是没有受到感染的堂区。圣巴索洛米奥医院和圣托马斯医院这些历史悠久的医院主要收治伦敦的贫民，伯利恒疯人院则专门收治精神病患者。如果你病得比较重，那就住进一家上等客栈，再雇

伦敦生活

如果——上帝保佑这只是假设——你不幸受伤，那就派人去请威廉·克洛斯，伦敦最优秀的外科医生。克洛斯先后在陆军和海军担任军医，后来又担任圣巴索洛米奥医院的外科医生，积累了丰富的经验。他在战场上发现刀鞘是非常好的固定夹板，并且发明了非常有效的止血药粉。他也是治疗梅毒以及防腐处理方面的专家。他还是《青年外科医生应对火药灼伤、枪伤、剑伤、戟伤、矛伤等类似外伤行之有效的操作手册》一书的作者。他是女王陛下的首席外科医生。还需要更多证明吗？

上几个强壮的男仆。派一个仆人去请能负担得起的最好的医生。如果他拒绝在他的家中医治你直至康复，你的仆人可以（花钱或者使用武力）保证你的需求得到满足。

教 育

你也许在考虑把自己的儿子送到伦敦去读书，这可是个非常好的决定。所有的文法学校都提供优秀的拉丁语教学。大部分学校都是免费的，但也许会要求男孩子们自己准备冬天用的蜡烛，以及给校工的小费。一般来说上课时间是上午七点到十一点，下

灵丹妙药

脱发——小青蛙烧成灰，如果没有的话，尝试用火烤鸽子粪制作粉末

头虱——用汞软膏和猪油梳头

轻微伤风——在鼻孔里塞一小片萝卜

耳鸣——在有问题的耳朵中滴入大麻籽油，然后向同侧歪头单脚跳

排尿不畅——往阴茎里塞三个大虱子

哮喘——用葡萄酒、药草和甘草浸泡狐狸的肺

肺结核——无法根治，但驴奶和带壳蜗牛可以缓解痛楚

约翰·霍利布什《家用最佳药剂》，1561年

午一点到五点，周二、周四下午没有课。

圣保罗文法学校是全国最大的文法学校。其创始人，约翰·科利特，是伦敦一位家世显赫的市长之子，也是其 22 个孩子中唯一存活的继承人，继承了其全部财产。他用这笔钱建了一所可供 153 名男童学习的学校，这个数字和"我主耶稣捕鱼神迹"中捕到鱼的数量是一致的。学校章程规定学生"不论国籍，没有差别"，因此尤其适合海外的学生。

女王陛下本人亲自重建了西敏寺附属的学校。自己负担学费的学生，称为"男童"（town boys）。还有 40 个获得女王奖学金的学生，无须自付学费。西敏寺一年一度的拉丁文戏剧演出非常有名，女王陛下本人经常莅临观看演出。学生在学校里只能说拉丁语，不能说英语。

基督公学由爱德华六世创立，旨在收录无家可归的孤儿，校址原为方济各会修道院。这所学校也收录女童。男童以其醒目的黄色长筒袜著称，据说这是为了防老鼠咬（城里的肉食市场和屠宰场就在不远处的史密斯菲尔德）。基督公学的课程表上音乐占

一名教师正在给高级班辅导。正常情况下，一个班里会挤满各个年龄段的男学生

了很大的比重。学校有自己的外科医生、理发师和酿酒师。大部分男童都会去做学徒学习一门手艺，女童则会去当女仆。

泰勒商人男子学校强调"得体的举止和良好的文学修养"。入学的新生需要熟悉英国国教的教理问答。学费从标准学费、少量学费到免费，呈阶梯状分布，收取标准依家庭收入而定。

如果你（更有可能的是你的妻子），担心城里会有感染瘟疫的危险，或是城市里充满了诱惑，也还有距离伦敦一两个小时路程的几所免费文法学校可供选择，比如高门、巴奈特、恩菲尔德、哈罗和克罗伊登，都是不错的选择。另外还有一些私立学校，由其掌管者独立运营，例如，位于圣保罗大教堂庭院内的法国人克劳狄斯·霍利班德的学校。还有其他一些教授会计、商业信函写作、语言等专门技术的学校。

新近建立的格雷欣学院是一所高等教育学院，由女王陛下的机要金融顾问——已故的托马斯·格雷欣爵士捐资建立。七位教授在主教门托马斯爵士的旧宅教授神学、修辞学、几何学、医学、天文学、音乐和法律。

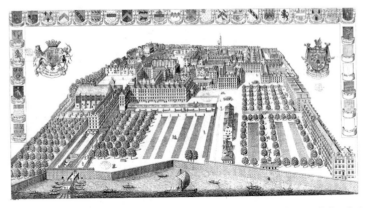

花园城市。如同牛津和剑桥的那些学院一样，四大律师学院也以其精心打理的花园著称

学习法律

虽然牛津和剑桥都教授法律，但是打算从事法律职业的人必须在伦敦四大律师学院之一受训才能有执业资格。四大律师学院指格雷律师学院、林肯律师学院、内殿律师学院和中殿律师学院。还有九个法学预备院依附于这四大律师学院，收录14岁以上的学生进行初级培训。律师学院的格局类似大学的学院，中间是庭院，由大门和高墙同周围的街道隔开，有自己的教堂、图书馆、餐厅和花园。打算从事法律行业的学生需要学习七年，参加各种课程学习和模拟审判。模拟法庭向感兴趣的公众开放，你可以把旁听模拟审判当作免费的学习，或者纯粹的消遣。英国人尊崇才智，尤其是涉及资产和违法行为这种严肃事务的时候。

女王陛下的重臣伯利勋爵、舰队司令霍华德勋爵、沃尔特·雷利爵士和弗朗西斯·德雷克爵士，都曾在四大律师学院学

习过，但目的并不是成为
律师。四大律师学院中的
大部分（也许是绝大部分）
学生只在学院学习一到两
年。牛津大学和剑桥大学
正在逐渐丧失他们对那些
并无意参加学位考试的特
别自费生的吸引力。牛津
和剑桥没有皇室，没有伦
敦交易所，没有剧院。相
反，在四大律师学院待上

王权背后的势力： 女王陛下最信任的顾问伯
利勋爵

一阵子，跟着最好的老师——这些出色的资源都在伦敦——学习
音乐、跳舞、击剑、骑术等种种技能，能让一个年轻人光彩夺目
起来。他还可以建立起以后用得着的关系网。学生们肯定会捞到
一些法律知识的皮毛，这些知识毫无疑问在其日后的上等人生涯
中会发挥作用——无论是邻里在边界上的争吵，还是和兄弟表亲
争夺遗产，抑或是作为城市行政长官发号施令，对流浪汉、流
氓、偷猎者和妓女施行烙刑或者鞭刑。

时　政

　　莎士比亚的历史剧让整整新一代英国人重新记起在现在的皇
室重振国家荣光之前，他们的祖国是如何因为纷争不停而虚弱不
堪、遭受劫难的。要想理解英格兰人民对于女王陛下毫无疑义的

伦敦生活

1589年，喜欢争强好胜的西郡富有地主威廉·达雷尔在伦敦花了三个月时间，每天就其正在和邻居、地产所有者以及亲戚争夺试图购买的十数处地产听取律师们的意见。这段时间他的开销如下：

	英镑	先令	便士
小费（门卫、行李员、信差、乞丐）		14	1
洗衣费		17	5
租船	1	4	5
置装费	4	3	1
杂费（烟草、药品、纸等）	4	16	1
寓所（家具、清洁打扫等）	12	11	7
交通费（马匹租赁、饲料、马夫等）	21	18	0
膳食（自己和四个仆人）	42	6	10
日常开销总计	88	11	6
律师费总计	124	9	1

法律的价钱！

尊崇，你必须稍微了解一下女王陛下的直系皇室成员和其之前几位君主的性格和成就。

● 亨利七世（1485—1509 在位）：女王的祖父，结束了长达30年的内战，给英格兰带来了25年的和平。作为骁勇善战的战士，亨利七世却尽量避免战争，鼓励贸易，为继任者留下数目可观的财富。他是忠诚的丈夫，虔诚的教徒，民众对于他尊敬多于爱戴。

● 亨利八世（1509—1547 在位）：女王陛下的父亲，也是女王为人君的典范。他任命自己为教会的领袖，将教会的土地和财富据为己有，筹建了海军，拥有差不多50所宫殿。他是第一个被称为陛下（Majesty）的君主，在各方面影响深远。

● 爱德华六世（1547—1553 在位）：女王陛下的弟弟，充满学者气息的羸弱青年。他颁布了英文版的新教《祈祷书》，规范

幸福家庭。亨利八世，左侧是玛丽女王和她的丈夫西班牙国王腓力二世，右侧是伊丽莎白女王

了礼拜仪式。下令改革全国的教堂，移除圣像和圣徒遗体，用白漆覆盖壁画、摒弃圣徒崇拜。

● 玛丽女王（1553—1558 在位）：女王陛下的姐姐，尝试恢复罗马天主教未果，其丈夫是西班牙国王腓力二世。在位期间丧失了英国在法国的最后一个属地加来。下令烧死超过 300 个英国新教徒。不幸的玛丽女王灾难性的短暂统治和她的继任者、妹妹伊丽莎白女王功绩卓著的长期统治形成了鲜明的对比。

女王陛下

尊贵的女王陛下，和我们这些您最忠诚的臣子是君臣一体的……历史上从来没有，将来也不会再有哪个君

> 主的统治能比拟女王陛下带来的幸福安康，也没有哪
> 位君主如女王陛下那样对我们的恩典始终如一。
>
> 《议会有史以来呈送女王陛下的最大笔税金》序

> 我不共戴天的敌人对我最恶毒的诅咒莫过于令英格兰
> 人民憎恨我了；和这相比死亡又算得了什么？
>
> ——伊丽莎白一世

女王陛下宫廷的荣光并非闪耀在白厅，而是闪耀在人民的心里。每一个郡的治安官是政府兢兢业业的老黄牛。他们确保需要帮助的穷人不会饿肚子，保证人们都去教堂礼拜，保证游手好闲的无赖得到皮鞭的招呼，他们负责道路养护，确保各种偷鸡摸狗得到该有的惩罚。以上这些职责以及其他许多工作都没有任何报酬。但是他们并不是徒劳无所获，他们是为了女王陛下而工作。他们在维护"女王陛下的治安"。女王不止一次和治安官们提到，她要向上帝交代，负责管理她的王国，治安官们则要向她交代，负责照管她的子民——"因为他们是我的子民。"

当世公认最伟大的诗作——埃德蒙·斯宾塞的《仙后》，即是赞颂女王陛下的一部讲述骑士冒险的规模宏大的史诗。

而她，确实是"仙后"，整个英格兰王国都迷醉在她的咒语下。

她离开宫廷的时候，

女王金句

你们可能……会有很多更加强大、更为睿智的君主，但你们从来没有过、也不会再有（像我这样）真心关爱你们的君主了。

虽然君权神授，但是我头上的王冠，却是由你们的爱支撑的。

会在门口停下，巡视着行屈膝礼的臣子，举手向他们示意，眼光扫过之处，每一个臣子都觉得自己受到了眷顾。女王陛下几乎从来不是简单地离开，她是隆重地离席。

女王陛下可以说流利的拉丁语、希腊语、法语、意大利语和西班牙语，听得懂荷兰语、威尔士语和苏格兰盖尔语。女王在访问剑桥大学的时候，曾被问及是否可以说一句拉丁语，结果她发表了一篇 600 词的即兴讲演。

畅销书。埃德蒙·斯宾塞赞美伊丽莎白一世的史诗是这个时代当之无愧的杰作

她访问牛津的时候，正在用拉丁语讲演，忽然停下来用英语问是否可以给伯利勋爵拿一把椅子，然后继续从停下的地方用拉丁语讲演，分毫不差。

并不轻松的王位

女王的一生远非一帆风顺。幼年时，其父亨利八世就以（没什么人相信的）所谓的通奸罪名处决了她的母亲安妮·博林。女王终生都没有说起过自己的母亲，甚至没有提过她的名字。孩童时代的伊丽莎白有好几年时间都是法律意义上的私生女，因

彰显力量的肖像。女王袖子上的蛇代表皇室的智慧

此被排除在王位继承人之外。等到成为伊丽莎白公主，她又被她的姐姐囚禁在伦敦塔里。她一直在反抗各种试图让她放弃新教信仰的压力，同时也在避免和任何有关王位继承的阴谋扯上关系。到她25岁终于继承王位的时候，她已经具备了非凡的自律能力，这种力量对其一生的辉煌统治影响巨大。

国民之魂

女王作为英格兰教会最高领袖，一直在宗教上采取折中方案，令大多数民众满意。英格兰教会基本上是信仰新教，但其礼拜仪式对于新教中激进的清教徒而言，仍有过于偏向天主教之嫌。即便天主教徒会被处以罚款，并被排除在很多关键职位之外，但他们至少不会像新教徒在法国那样遭到屠杀。

伦敦都市传说

1579年约翰·斯塔布斯印发小册子抨击女王陛下和安茹公爵的婚约。这种大不敬行为让他丢掉了右手。当他的右手被砍掉的时候，他用左手抬起了帽子，喊道："天佑女王！"

和其父亨利八世挥霍国库（徒劳无功地）追求战绩不同，女王陛下一直都在尽量避免战争，或者至少是将战争止于国境之外，在尼德兰地区、爱尔兰或是公海上与敌人作战。1588年，西班牙派遣无敌舰队入侵英吉利海峡的时候，举国之力集结听候女王差遣，正如胜利勋章上镌刻的：天主之风刮起，瞬间驱散敌军。

皇室巡游

如果你想了解女王在英格兰人民心目中的地位，可以去内廷总管部了解一下女王下一次夏季"巡游"的路线。运气好的话，巡游路线可能最初会经过伦敦附近一些小有名气的兴旺集镇，比如圣奥尔本斯、切尔姆斯福德、或者法纳姆。你可以在这些集镇住上几天，近距离观察镇上居民为了迎接女王巡游热火朝天的准备工作。所有碍眼的东西能挪走就一定要挪走——粪堆、绞刑架、家畜或者颈手枷。民房和客栈都要刷上白漆。进镇子的路要铺上砾石，搭起舞台和拱门。镇民穿戴整齐迎接女王陛下的驾临，镇长和议会成员忙着讨论献给女王陛下合适的礼物，以及谁最合适向女王敬献校长拟定的献词。献词用拉丁文？还是英文？如果女王陛下预计一早到达，还有必要准备焰火吗？唱诗班是否真的唱得了两队轮唱的颂歌？随着大日

击退西班牙无敌舰队纪念徽章记载着上帝对敌众我寡的英军伸出援助之手

都铎王朝的标志

皇室的血统来自威尔士，皇室专用色红、白和绿即是源自威尔士国旗。这些颜色随处可见。从帐篷亭廊，到皇家花园花圃的隔板。

为了强调其古老的血统，亨利七世宣称传说中的亚瑟王是其先祖之一，为其长子起名亚瑟。

用作纹章和装饰图案的红白双色玫瑰，象征着亨利七世结束了玫瑰战争，进而达成了兰开斯特家族（红玫瑰）和约克家族（白玫瑰）的和解。

皇家宫殿中各处装饰着作为威尔士标志的红龙纹样。巧的是，西班牙人称劫掠了很多西班牙帆船的弗朗西斯·德雷克爵士作El Draque（龙）。

女王陛下非常在意自己的形象和肖像使用。用作客栈标志的女王头像必须使用由其宫廷画师认可的画像。

子临近，酒鬼、妓女、跛子和白痴都要被警察集中到一起关起来，如果人数太多的话，就关到附近农场的谷仓里。

女王陛下果真驾临的话，会一如既往地令随从人员惊叹不已，从头至尾耐心听完磕磕巴巴的献词，对滑稽可笑的表演适时地鼓掌，慷慨大方地向穷人发放救济品，与市长和市政官会面时候的看似熟稔，以及旋即表现出来的严肃认真，对新建的市集或是文法学校表示赞赏。她可能做出任何出乎意料的举动来——甚至可能随便走进一家客栈尝一尝麦芽啤酒，或者走进一个寡妇家里吃上一块在当地颇有名气的香料蛋糕。等她走后，她用过的酒杯就会成为圣物，她坐过的房间会被当作圣地封管起来。

她为什么要这样做呢？当然，是为了彰显对子民的爱惜。但是，更重要的是让他们知道，他们热爱她，而他们的这种爱"从未在人类记忆中出现过……这样的爱，无论是劝诱、威胁还是诅咒都无法摧毁"。她讲话的时候会停下来，因为情绪激动而声音颤抖，几至啜泣。而在场民众确实在啜泣。

这些巡游有其必要的实际理由。

首先，女王巡游经过的市镇会吸引周围地区的人来访，可以促进贸易发展。

首都奇事

亨利八世发表《七圣礼捍卫论》对抗德国传教士马丁·路德对天主教正统教义的抨击，教皇因此授予其"基督教信念捍卫者"的头衔，这一头衔女王陛下依旧承袭——虽然女王陛下是新教徒。

其次，接受巡游旅途中地方显贵的慷慨馈赠，可以大幅削减女王的开销。

第三，盛夏之际的伦敦对健康并无益处，最好离开。

组织皇室巡游实际上类似于计划军事行动。要为女王陛下准备衣服首饰，她的书和寝具，还有专门为女王陛下酿制的皇室特供淡啤酒，除此之外还要随时准备将其打算过夜的地方改造成皇室套房，所以，房间里的帷幔、家具和专用餐具也必不可少。政府必须正常运转，所以还有成堆的文件。还有给可能会找不到住处的随行人员准备的帐篷，给睡在马车下的随从准备的毯子。随女王出行的全部1500人，需要400驾马车和六倍数量的驮马。全部人员每天最多行进20公里，两到三天会换一个地方，所过之处如蝗虫过境一般一扫而空。

女王偶尔也会住在继承自其父王的数量众多的乡间宅邸中。牛津郊外的伍德斯托克则不在其列——这里充其量是个狩猎小屋，再加上女王少女时期曾经被关在这里的不快经历。当然，还有伯克郡的东汉普斯特德，埃塞克斯的纽霍尔，萨里郡的奥特兰兹——这是个狩猎的好地方，赫特福德郡的哈特菲尔德则是女王陛下得知继位消息的地方，她在那里召开了第一次政务会议。不过，大部分情况下，女王会选择下榻在她觉得配得上其身份的人家，得到这种殊荣差不多要付出每天 1000 英镑的代价。但是这种殊荣却是终生待遇——虽然也并没有人希望这辈子再来一次。

天佑女王

女王每天都身处险境。自从她因为拒绝承认教皇对英格兰教会享有实权而被教皇开除教籍后，每一个天主教徒都可以问心无愧地刺杀她，而不需要负法律责任。

但是即便是教皇本人都曾说过，如果他本人和女王联姻，他们的孩子可以统治世界。为保证女王陛下免遭阴谋迫害，弗朗西斯·沃尔辛厄姆爵士创立了遍布整个欧洲的最为高效的间谍系统。在一幅著名的女王画像中，女王的衣服上绣满了眼睛和耳朵。法国大使德迈斯曾经高度赞扬女王是"一位伟大的君主，什么都逃不过她的眼睛"。

女王的座右铭是"始终如一"（*semper eadem*），她也终其毕生之力践行这一准则。女王已在位 40 年，她是很多民众所知悉的唯一君主。我们所有人终归都难逃一死，但当英格兰人说"祝女王陛下长命百岁！"的时候，却是真心实意的。

可以预见的伟大

克兰麦大主教为伊丽莎白女王施洗：

> 这位王家的婴儿——
> 愿上帝永远回护她！——
> 虽然尚在襁褓，但是现在即已预示
> 将带给本土以无穷的幸福，
> 假以时日即将逐一实现……
> 令英格兰人民幸福的是，
> 她将成为一位长寿的公主；
> 她将看到许多的日子过去，
> 而没有一天没有光荣的事迹发生。
> 但愿我不再知道别的事！
> 可是她总有寿终的一天，
> 她不能不死，
> 圣徒们一定要迎她归天，
> 不过她将终身为一处女；
> 她像一株不染微尘的白百合，
> 终于回到地下，举世之人将要哀悼她。
>
> ——威廉·莎士比亚《亨利八世》

所以，最后一点万分重要需要铭记的是：无论何时、何地、有何人在场，如果你爱惜生命的话，请千万不要说女王的坏话。

二 到达伦敦

海路 & 陆路 & 旅行季节及天气
& 住宿 & 绝妙的语言！

海 路

坐船其实和坐牢差不多，还要再加上溺毙的危险。到英格兰的旅行者都被建议将旅程尽量缩短，即从法国的加来或是布隆涅跨越英吉利海峡到英格兰的多佛。碰上顺风，风力和缓，整个行程差不多三到四个小时就够了，但即便是最为不屈不挠的船长也无法左右天气。所以，需要做好何时能够启程，而不是想要何时启程的心理准备。你有可能要等上几天，甚至几个星期才能横渡海峡。

> 他们是优秀的水手，更是出色的海盗，狡猾、奸诈、惯于偷窃；据说每年伦敦要吊死超过三百人。
> ——保罗·亨茨纳《英伦游记》，1598 年

大多数乘客需要在船上找地方栖身，但是也可以花钱买个舱位。西班牙人引入了一种新的休息方式，即吊床。长帆布两端用绳子系在甲板下的横梁上，人可以爬进去睡觉。这种吊床睡进去比看上去舒服，但是想爬进去，即便是最好的天气也是要费一番气力的。

你成功横渡英吉利海峡之后，如果天气仍旧很好，那就应该考虑继续坐船沿海岸北上直到泰晤士河口，比如

肯特郡的格雷夫森德，可以从那里转陆路直达伦敦，或者直接进城。市长大人也是伦敦港的海军指挥官，因此享有从温莎到格雷夫森德的泰晤士河段管辖权，市长大人指派八个人负责航务的规范管理。

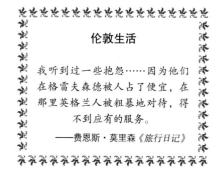

伦敦生活

我听到过一些抱怨……因为他们在格雷夫森德被人占了便宜，在那里英格兰人被粗暴地对待，得不到应有的服务。

——费恩斯·莫里森《旅行日记》

也可以从格雷夫森德坐公共驳船完成最后一段旅程，这种方式耗时但是很便宜，提醒一点——上船之前请深吸一口气，以确保整个旅程能保持"空气清新"。很多驳船从伦敦驶出时船上装的是粪肥，供给泰晤士河口两岸的商用花圃。

陆　路

英格兰的道路不是修出来的，是人走出来的——想去哪里，踩出了小径，走的人多了，就成了路。从多佛到伦敦的路通常路况不错，但是从其他上岸的港口——伊普斯威奇、哈威奇和南安普顿——到首都的路就不是太好了。伦敦和普利茅斯之间，切斯特和约克之间的公路除了冬天极端糟糕的天气之外，路况都不错。黏质土壤丰富的地区，则差不多有半年时间车辆无法通行。这种情况尤见于伦敦以北的郡县，伦敦以南的郡县则主要是石灰石路面。

从法律上来说，每个堂区都要负责道路养护。根据法律，每

一路顺风！英格兰的舰船往往非常牢固，但却并不舒服

一个健全的成年男性每年需要工作六天，每天八个小时，进行道路养护。这一义务基本没有实行。维修整段公路主要是造福路人，所以，如果当地人确实辛勤地修起路来，那很有可能是因为这条路会通向某个牧场、池塘、矿场或其他什么当地人需要的地方，而绝非关心路过的旅人。

天气晴好的时候，身体健康的正常人一天可以骑马100—110公里，大概也是皇家信差的脚程。但是皇家信差身着专门的醒目制服，警告一路上的小毛贼他们受皇家保护。对于不是执行公务的人来说，要保证这样的速度就要冒风险了——单独的骑者非常容易遭到伏击。强盗一般看到成群结队的旅客会犹豫是否要袭击，但是攻击大部队显然会比袭击单独一个全速前进的骑手速度慢很多。

皇家信差五天时间可以将信件从伦敦送到爱丁堡；正常的旅人差不多要花三倍的时间。多佛到伦敦的110公里路程正常人要花两天时间，体力好的人拼尽全力一天可以到达。

伦敦语言

ale-conner酒类检察官——官方指定检验售卖给公众的麦芽啤酒和啤酒质量的官员；莎士比亚的父亲曾经在埃文河畔斯特拉福德当过酒类检察官。

black-jacks皮酒囊——出售麦芽啤酒的酒馆以及旅人使用的皮质酒囊。

stalling-ken销赃点——接赃的窝点。

将路程从两天缩短到一天，可以省掉一晚客栈住宿的费用。很多旅人不会停下来吃午饭，并不是为了省钱，而是要尽量在夜幕降临之前找到住宿处，避免在路上奔波碰到危险。

普通的骑乘马可以租用几天甚至几周，第一天租金 2 先令，接下来每天 18 便士或者 1 先令，加上饲料钱。如果必须放在马

厩喂食过夜的话，估计可能会再花上 12 便士，但是如果夏天可以放到牧场上自己吃草，那估计只会花上 3 个便士。

邮车定期往返于主要集镇。邮车一般都非常笨重，移动缓慢，比步行快不了多少。但是邮车却可以在坏天气里提供必要的遮蔽，出于安全考虑单独出门的女性选择邮车的很多，还有病人、上年纪的人和行动不便的人也往往会选择邮车。旅人可能会选择自己骑马，而把笨重的行李托给邮车运到伦敦的旅店。

从伦敦到牛津、诺威克、切斯特等地的邮车每周固定一班。商人会用驮马运送不易损坏、不太贵重的货物，比如书、锡制品和布匹。四轮马车在英格兰还属于稀罕之物，只能在伦敦雇到。四轮马车加上车夫和两匹马一天的花费是 10 先令。而且也找不到愿意跑离开伦敦超过两天路程的马车，再远的话路途就很凶险

如果乞丐凑得太近就让马车夫挥鞭子抽他们

了。四轮马车走起来非常缓慢，颠簸得厉害，但是对于年纪非常老或者非常小的乘客，或者行李众多的乘客来说，还是物超所值的。

旅行季节及天气

> 有些人，凭着胳膊肘，或者是髋关节，抑或
> 是膝盖的酸痛，就能凭直觉判断出天气如何；
> 有些人靠小麦就能神奇地预知天气，有些人
> 则是靠虱子、跳蚤或者牛虻的叮咬；
> 虽然这些玩意儿并没有和星辰合谋，但是
> 悲哀的是，它们就是人们的天文学家。
>
> ——民间传说

哪条路通伦敦城？
抬一只脚，放一只脚，
这样就能走到伦敦城。
——民间歌谣

英格兰人总是在谈论天气，因为天气总是变个没完没了。夏天往往短暂，经常下雨，冬天则天气恶劣。伦敦正常情况下比经常狂风暴雨的西部和北部要好一些，但仍然有可能会碰到极端的天气状况，一日三季。所以，如果你从阳光明媚的地区来，手边需要常备一件厚斗篷，以备不时之需。1565年，以及1595年，泰晤士河都结了厚厚的冰。1568年格雷夫森德大风暴打

沉了不少船只。1577年伦敦大雪达60厘米厚。1589年地震。1594年到1597年连年夏天天气恶劣，导致了有记载以来最糟糕的收成。这导致了王国偏远地区的饥荒。1595年，伦敦本地因食物短缺发生了暴乱，以致女王宣布全城军事管制。所幸伦敦人并没有挨饿，因为伦敦财力雄厚，可以从波罗的海国家进口粮食。

伦敦生活

教皇格列高利十三世于1582年引入新历法。他宣称新历法比儒略历更为精确。这意味着信奉天主教的欧洲地区人们在10月5日上床睡觉，第二天早上起床已经是10月15日了。英格兰则并没有实行天主教欧洲采用的格里历。信件的日期签署，尤其是拟定合同或是任何法律文件的时候，尤其要注意这一点。而且，英格兰的新年是3月25日开始——而苏格兰则是1月1日。

英格兰人认为，如果蜜蜂不肯离开蜂巢，奶牛和狗右侧朝下侧卧在地，蚯蚓爬到地面上，或者雀鸟拂晓时分在篱笆上叽喳不停，都表明天气会转为恶劣。农夫的营生可能真的就会因为霜冻、洪水或是冰雹毁于一旦，因此他们对于气候变化格外敏感。很多伦敦人也是才从乡下到伦敦的，他们已经养成了习惯，会注意到天空变色、云彩变幻、鸟儿的行动规律变化，以及春天植物展露新芽的顺序，这些都可以作为天气变化的先兆。

住　宿

啤酒屋

如果想休息一下，偶尔也还想喝个小酒热闹一下，那酒馆可能就是你要找的地方。但是要找在伦敦停留期间的居所，那估计就要找个合适的客栈了，南华克地区就有不错的选择（见下）。

售卖麦芽啤酒的啤酒屋（alehouse）数量众多，地方不大，远远说不上干净。但这可能对你来说不算什么，因为这些地方通常也不提供房间过夜。正如其名字所示，这种地方售卖麦芽啤酒，通常是老板（很有可能是女人）自己酿的。这并不能说明在英格兰女性就拥有更多特权。一般寡妇会被允许经营这种啤酒屋，这样她们可以自食其力，而不必靠堂区的救济过活。

啤酒屋可能还会供应简单的食物，比如面包、乳酪，或是培根豆子汤。但是，你不要期望在这儿能吃到什么珍馐美味。周日的礼拜时间在啤酒屋里喝酒属于不敬行为——但这种不敬行为很多人都会有，除非清教徒狂热分子控制了这个堂区。如果你想周日喝酒，你会在城外找到不少乐于提供服务的地方（见第十一章）。

和酒馆、客栈一样，啤酒屋也需要由地方行政官颁布酒牌，按照议会的说法，以防止"伤害和麻烦……酗酒和混乱"。啤酒屋老板还需要把自家的麦芽啤酒提交给酒类检察官检测质量，价格则由本地的行政长官来定。啤酒屋一般都是靠附近的当地人帮衬，在伦敦最糟糕的区域，比如沃平和罗瑟希德，差不多每二十户就有一家啤酒屋。

酒　馆

酒馆（tavern）比啤酒屋要大不少，不仅卖啤酒，也卖烈性酒，酒馆老板有几个店员帮忙招待客人。酒馆一般也是消遣场所，在这里可以听到竖琴演奏，观看吟游诗人的表演，也可以玩弹戏、纸牌、骰子或者桌面博弈游戏，或者是和一些举止不检点的女人打成一片。如果你手头紧的话，酒馆老板经常也兼营小额借贷，但是他们绝对不是什么好人，很有可能会接受偷来的赃物换酒喝。酒馆一般也不提供客房——偶尔按小时付费的除外！如果酒馆允许你住下，那估计是因为老板可怜你是个外乡人——还有可能是打算把你留下任他摆布。最好微笑表示谢意，告诉他你已经另有安排。

客　栈

客栈是大型建筑，主要为旅行者提供服务。通向伦敦桥的南华克大街两侧的大型客栈几乎是鳞次栉比。有些客栈可以接待上百个客人，马厩可以容纳足够多的马匹。客栈老板在当地都是举足轻重的人物。在伦敦他们归属于客栈持有人荣誉同业公会，其章程可以追溯到 1514 年。按照英格兰的惯例，客栈老板本人要对客人在其客栈范围内的财物安全负责。客人可以锁上房门并把钥匙带走。

就英格兰全境来说，伦敦的客栈是最糟糕的，即便如此，其中不少比国外我听说过的那些最好的客栈都要好得多……每个店主……都要努力和同行竞争，尽力招待好客人，比如房间中的日用织物、家具和床单要精致，并且更换及时，房间要布置美观，餐厅服务周到，餐具要讲究，酒要够劲儿，葡萄酒要种类丰富，或者马匹状况良好。

——威廉·哈里森《英格兰纪实》

服务水准要高。旅人到达的时候受到殷勤欢迎，食物饮品很快就会准备好。冬天火烧得很旺，湿衣服和泥泞的靴子被飞快地拿走刷洗清洁并烘干。旅客的马被刷洗干净并给足饲料。客人可以放心，床单是一尘不染的，从洗衣妇那里拿来之后并无任何人使用过。

在客栈的共用餐桌吃饭，一顿基本的肉食、乳酪、面包和啤酒套餐差不多6便士。但是你要有加入餐桌闲聊的思想准备，准备好测试你在混乱

坐在共用餐桌吃饭就意味着需要和别人交谈

状态下的英语水平。如果选择在自己的房间里安安静静吃一顿单点的餐食，花费差不多要四倍价钱。当然，完全可以把一部分晚餐留出来作为第二天的早餐。

绝妙的语言！

英格兰人已经驾船走遍了全世界，英语却始终没有离开不列颠岛。对旅行者来说幸运的是，拉丁语和法语都有很多人讲，且非常流利，至少在受过良好教育的人群中是这样。这一点上女王陛下本人树立了良好的典范。出入宫廷的女官也都应该能讲流利的法语。按照威廉·哈里森的说法，"走进英格兰宫廷的陌生人第一印象可能是会感觉自己进入了大学的学院，而非王公贵族的宫廷"。

虽说如果不懂拉丁文和法语就不敢说自己受过良好的教育，但是各个阶层对英语的骄傲感都开始弥漫。据菲利普·西德尼爵士所言，"说到把自己的个人意见准确无误且美妙地表达出来——这也是语

菲利普·西德尼爵士生前未发表任何作品，他的规模宏大的充满田园气质的浪漫史诗《阿卡迪亚》（*Arcadia*）直至他在战斗中阵亡之后才发表

言的最终目标……英语和别的语言比起来也是不遑多让"。很多学识渊博的人，可以用拉丁文发表自己的著作以获得世界范围的读者认同，现在都在尽量使用英文，以达到和尽可能多的本国民众交流的目的。以英语语言为主题的新书得以出版，比如，理查德·卡鲁的《一封关于英语美妙之处的书信》（*An Epistle on the Excellency of the English Tongue*）和托马斯·威尔逊的《修辞的艺术》（*The Art of Rhetoric*）。在一个身为牧师、辩护人或者诗人可以名利双收的时代，这恐怕是不足为怪的。

宫廷语言——正确的语言

对于到底什么是"正确的语言"，关注度越来越高，并且这个话题逐渐上升到了全国范围的论战。其中一派强烈反对外来语（尤其是拉丁语源词汇）的过度使用，正如罗杰·阿斯坎姆在其箭术专著《神射手》（*Toxophilus*）中所言："想要成功驾驭任何语言进行写作的人，都必须要遵从亚里士多德的建议，像普通人那样讲话，像智者那样思考。很多英格兰作家还没有能做到这一点，而是使用很多陌生的词汇，比如拉丁语、法语和意大利语，这使得想要表达的内容变得不知所云晦涩难懂。"

《英国诗歌的艺术》（*The Art of English Poesie*）一书的作者，学识渊博的乔治·普登汉姆，同样强烈反对"由牧师和学校校长等受过教育的人使用的'学究气的用词'；以及宫廷中日常使用的很多来自其他语言的陌生词汇"。尽管普登汉姆对宫廷语言持保留态度，他仍然视其为最合适的标准，"宫廷里或者大城市使用的语言……优于边境地区或者外来人口聚集的港口城镇，或者牛津和剑桥学究们矫揉造作的语言"。

拼写的危害

那么，至少有一种语言标准存在，供想要学习语言的人欣赏并模仿。遗憾的是，尽管有语法书，却没什么人遵从语法规则。任何单词，似乎都能用作任何词性，尤其是名词用作动词。而且，这时候还没有权威的英文词典出现。所幸威廉·科克斯顿已出版逾一个世纪的英法常用词汇手册仍在再版，而且已经扩充至包括佛兰芒语、意大利语和德语。约翰·弗洛里奥，一个在英格兰出生并长大的意大利人，刚刚出版了一本意大利语 – 英语词典。

单词拼写简直是糟糕透顶。学究们忙着在单词上添加字母修修补补（尽管这些字母并不发音）以使得单词更"符合"它们本来的词源。因此才有了 doubt 和 debt 中不发音的 b，receipt 中不发音的 p，victuals 中不发音的 c（这个单词读作 /vittles/）。

地名和人名则是另一个无边无际的陷阱和潜在的尴尬之源。Gloucester 发音是 /Gloster/，而 Leicester 读作 /Lester/。诺福克海边的一个村子 Happisburgh，应该念作 /Hayzborough/，而诺森伯兰郡的 Cowpen，应该读作 /Coopen/。

英格兰人四百年前就已经开始使用姓氏了，但至今仍旧没搞明白应该怎么拼写才对。即便像莎士比亚（Shakespeare）这样的文学巨擘，自己的名字也经常拼得一时一样。不过，也许该负责任的是他的父亲。莎士比亚家乡的地方志记录其父约翰曾经用过16种不同的拼写，其中最常用的是 Shaxpeare。剧作家自己用过 Shakspere、Shakspeare、Shakespeare，以及用于法律文书上的缩写形式 Shaxper、Shakp 和 Shaks 等。因为这些涉及生意往来的拼写可能会导致的纷争可以想见。不要认为他的名字少见所以不会有太大的问题，当时这个名字可并不少见。仅在莎士比亚的家乡

莎士比亚的语言

任何指责伦敦剧场观众浪费时间在轻松娱乐上的人轻而易举就能被认真学习语言的学生驳倒，因为最鲜活最富于变化的英语就在戏剧舞台上。

莎士比亚本人就给观众贡献过很多新造的词，比如 accommodation（住处），assassination（暗杀），dislocate（使关节脱位），eyesore（丑陋刺眼之物），hoodwink（欺骗），obscene（下流的），pedant（卖弄学问的人），premeditated（预谋的），reliance（信任），submerged（淹没）等。

至于莎士比亚自己创造的短语，这里只举几个旋即进入大众语汇的例子：in a pickle（陷入麻烦），tongue-tied（窘迫无语），bloody-minded（故意作对），stony-hearted（铁石心肠的），tower of strength（力量支柱），laughing stock（笑柄），cold comfort（毫无作用的安慰），short shrift（漠然处之），fool's paradise（虚幻的乐境），dead as a doornail（死翘翘），early days（为时尚早），high time（正是时候），more in sorrow than in anger（悲伤多于愤怒），more sinned against than sinning（受到过于严厉的惩罚），truth will out（终归会水落石出），make a virtue of necessity（把必须做的事装成出于好心做的），lie low（藏匿），budge an inch（用于否定句中，纹丝不动），play fast and loose（处事轻率），dance attendance on（小心侍候），stand on ceremony（讲究客套），vanish into thin air（消失得无影无踪）等。

这些观察资料无疑是当今语言热潮的明证。相信读者会不断有惊喜，不会感到厌烦的。

沃里克郡各个村镇同时在世的就有 24 个姓 Shakespeare 的人，至少有三个叫威廉（William）。

巧舌如簧

任何下决心要掌握英语的人都会发现英语就像一个贪婪的巨兽，每天都在吸收新的词汇，所以你的祖父很有可能已经听不懂你在说什么了。我们来看一些最近才进入日常英语的词汇。

来自拉丁文的：agile（敏捷的）, genius（天才）, habitual（习惯性的）, militia（民兵）, reciprocal（互惠的）, inflate（给……充气）, defunct（不再存在的）, spurious（伪造的）, strenuous（费劲的）, retrograde（倒退的）等。来自希腊语的：lexicon（词汇）, chronology（大事记）, catastrophe（灾难，古典悲剧的结局）, rhapsody（吟诵诗史）, phrase（短语）, pathos（激起怜悯的因素）等。英法战争中积累的词汇：machine（机器）, volunteer（志愿者）, battalion（步兵营）, cordon（警戒线）, cache（隐藏物）, comrade（战友）, duel（决斗）和 bayonet（刺刀）；以及火药味不那么重的词汇，比如：fricassee（浓汁煨肉块）, genteel（有教养的）, vogue（时尚）, portmanteau（皮制大旅行包）和 moustache（小胡子）。英格兰在和西班牙的交锋中吸收的词汇主要是商业词汇或是充满了好战气息的词汇，比如：cask（大酒桶）, cargo（货物）, galleon（大型帆船）, embargo（禁令）, parade（游行，阅兵）, flotilla（小船队）, armada（舰队）, tornado（龙卷风）, renegade（叛教者）和 desperado（亡命徒）；还有零星来自美食

的词汇，例如：sherry（雪莉酒），anchovy（鳀鱼）和 rusk（脆饼干）。来自荷兰语的词汇则大多和航海有关：jib（船首三角帆），keel（龙骨），yacht（快艇），sloop（单桅帆船），schooner（纵桅船），deck（甲板），dock（码头），block（大块石板／木板），boom（低沉的隆隆声），splice（搓绳子），smuggle（走私），skipper（小商船船长），cruise（航行），reef（礁脉）和 firkin（装鱼等的木质小桶）。音乐和艺术方面，意大利是最为人称道的，也是最有影响的。绘画和建筑方面的技术术语大多源于意大利，比如：cameo（多彩浮雕宝石），studio（工作室），fresco（湿壁画），stucco（粉饰灰泥），portico（柱廊），balcony（阳台），cupola（穹顶），cornice（檐口），corridor（走廊），colonnade（柱廊），arcade（有拱廊的街道），vista（从狭长开口看到的景色），villa（乡间别墅），portfolio（求职作品集），piazza（小城镇中的广场），parapet（防护矮墙）和 design（设计）。音乐方面的词汇也多归功于意大利语，比如：violin（小提琴），solo（独唱／独奏），aria（咏叹调），sonata（奏鸣曲），opera（歌剧），fugue（赋格曲），madrigal（无伴奏的合唱歌曲），cantata（康塔塔）和 concert（音乐会）。一些不那么友善的接触则给英语带来了诸如 squadron（中队）、salvo（连发的炮火）、frigate（护卫舰）、escort（护卫队）、musket（火枪）、stiletto（短剑）、contraband（违禁品）、bandit（强盗）之类的词汇。

值得一提的是，除了来自盖尔语的 whiksy（威士忌）和来自威尔士语的 penguin（企鹅）等几个词之外，英格兰人很少从岛上邻近的语言中吸收新语汇。

新的知识领域同样需要新词汇，或者用来命名新事物，或者就是为了更准确地描述已经存在的事物。在科学和医学领域尤其如是。因此才有了诸如 explain（解释）、external（外部的）、paradox（悖论）、capsule（胶囊）、cylinder（圆柱体）、prism（棱柱）、theory（理论）、energy（活力）、electric（电的）、system（系统）、larynx（喉）、thermometre（温度计）、gravity（重力）、complex（复杂的）、radius（半径）、species（物种）、atmosphere（大气）、pneumonia（肺炎）、skeleton（骨骼）以及 excrement（排泄物）这样的词汇。

三　伦敦人

伦敦一日 & 真正的伦敦人 & 第一公民
& 英式宅邸 & 花园

伦敦一日

　　如果晚上睡不着，早上天不亮就醒了，也许你会想去伦敦城外走走。乡村道路已经被挽着一篮篮鸡蛋、香草、花束、黄油和豆子准备进城的小贩踩得泥泞不堪。他们经过的路上，"无照营业的"乞丐们从树篱后探出身来，努力把破烂衣服整理好，尽量像个体面人，试图从疲惫不堪的守门人眼皮底下溜进城去讨生活。时不时的，这些在朦胧的天光中或大步流星，或拖曳前行、蹒跚跌撞的人影，驮着装满马铃薯之类的根茎蔬菜，或是塞满活鸡的木箱，成捆的木柴，又或是一堆堆刚出炉的斯特拉福德面包的大车，嘎吱嘎吱碾过乡村道路的场景，是如此温暖，会让人鼻子一酸。拉特克利夫和沃平的破败酒馆里，喝醉了的水手还在酣睡，服务生把他们喝剩下的酒倒回酒桶里打算继续卖给新一天的头一轮客人，本地的妓女们则结束了营生，静悄悄地从后巷消失了。

　　伦敦的街上，身穿蓝色工作服的学徒正在把东家的店铺门板卸下来准备开门做生意。《工匠法》规定三月中旬到九月中旬，每个人都必须从早上五点工作到晚上七点，中间可以有两个半小时时间用于吃饭和茶歇。九月中旬到次年三月中旬，工作时间则是从日出到日落。

严格的清教徒家庭（城里的某些堂区这样的家庭非常多），会在开始一天的营生之前聚在一起祈祷并诵读一段经文，遵从上帝的意旨，清楚地知道这一天和每一天一样，都可能是最后一天，自己在俗世的行为会被清算。

那边车轮吱吱响，
这边囚车／粪车隆隆声，
这边鸨母骂骂咧咧，
那边有看门人在抱怨。
——爱德华·奎品《真相的阴影》，
1598 年

城里的客栈庭院里人声喧嚣，马夫在为即将出发的主人把马套好，女仆在主人身边转来转去希望能得到打赏。学童们或脚步匆匆，或不情不愿地奔向教室，勤勉好学的嘴里还在念叨着没记清楚的拉丁文不规则动词的词形变化，而捣蛋鬼则悄悄凑到同伴身边，扯下他们的毛呢帽子，"嗖"地丢到马粪团里去。旁边的小贩们则把自己的货品摆得整整齐齐，用新鲜的货品遮住不新鲜的，向过往的人大声叫卖——"大樱桃，新鲜的苹果！""您想要什么？——别针、编织针、袜带还是丝带？"

街头生活。伦敦大街小巷到处都是叫卖货品的商贩

带着自家手工制品的乡下小贩

　　七点到八点之间，做工的人们会急匆匆地吃个早餐。既然这是伦敦——全国最大的城市，面包必须是精粉做的，啤酒必须要好，而且还要有黄油、乳酪或者是一条鲱鱼。一些乡下进城的商贩已经准备回家了，运气好的已经卖光了带来的货品，而精明人则知道最好把没有卖完的货品直接转卖给城里的商贩，回家干活，而不是在城里浪费时间去卖剩下的货品。

　　到了十点左右，伦敦的商业中心皇家交易所早已人声鼎沸，身披华服的生意人用各种语言谈着买卖。而白厅光彩夺目的宫殿里等待进宫的达官贵妇则是巧舌如簧，流言蜚语横飞。商人赚的钱在账房里堆积如山。另外一些人则挤在河边码头上等着刚刚到埠的船卸货，或者在搜寻着自家老爷的踪影，将他们领到酒馆里去接风洗尘。

　　在商人们或许局促但却舒适的家中，女主人正在指挥仆人打扫卫生，派仆人去街市买肉买鱼，检查前一天洗好的衣服是不是已经晾晒好，或者再安排一些新活计，比如，酿酒、腌制泡菜或是做果酱。这些忙完就要开始准备一天最重要的一餐了：盘子擦干净，餐具摆好，食物要烹饪调味妥当，所有这一切都需要在十一点半准备好。

城墙外晾晒衣物的主妇们

而其他地方，真正的有钱人家里，节奏却相对悠闲。准备一日三餐、操持家务由男仆负责，男仆则督促女仆干活。女主人，即便并不是多么虔诚的教徒，也有闲暇时间读读祈祷书，周日礼拜的时候可以不经意间和堂区邻居提上一提。也可以去切普赛德街逛一逛，买副手套、褶领、桌布，或是挑选一件参加施洗礼的礼物。女儿们则在跟着家庭教师学习法语、音乐，或是把前一天刺绣绣错的地方拆掉重来。

位于南华克的王室内务法庭监狱里，经验老到的骗子因为无所事事，正在用做了手脚的色子大赚特赚。

十一点到两点是街上最繁忙的时段，人们忙着回家去吃一天中最主要的一顿饭，离家太远的人则纷纷挤进小酒馆、小饭馆里解决午餐。脑子里想着要饱餐一顿，而且下午不要迟到，人们都是匆匆忙忙的。这段时间就变成了扒手的天堂。

两点钟的时候该回去工作的人都已经回去工作了。小饭馆里，酒保和女仆把碎面包和剩饭剩菜收起来倒进厨房里一大锅永远冒着热气的浓汤里。而伦敦城的南部，周旋于宫廷的贵公子，

模范家庭。妻子和孩子们，毕恭毕敬仔细听着一家之主的教诲

律师学院的学生，来寻求最负盛名的娱乐活动的异乡客，和下定决心要好好陪夫人度过一个美好下午的勤勤勉勉的本地人，都聚在一起，视当天的节目不同，或者去剧场看一出不错的戏，或者享受熊或是公牛被一群咆哮的猛犬撕咬的刺激。这两个小时也是船夫最繁忙的时段，撑船把看戏的人们载过河去。现在，不少船夫都倚着船桨打起瞌睡来，以恢复体力。

午餐后收拾整齐，先生和上学的孩子们还都没有回来。主妇们有了一点儿闲暇，可以整理整理花园，补补衣服，甚至是和邻居闲聊一会儿。她可以在自己的蒸馏室里做肥皂，加上玫瑰或是薰衣草的花香，或是调制漱口剂——两份蜂蜜，两份醋，一份白葡萄酒。

五点钟，学校放学了。街上又开始热闹了起来，回荡着尖叫声。瘸腿的乞丐，疲惫不堪、正在整理卖不出去的货品准备收摊的商贩成了学童们作弄的对象。天黑了下来，家家户户都在吃晚餐。法规严令禁止熟练工匠（比如裁缝）在非自然光下工作，以免影响他们的工作水准，破坏行业声誉。理论上来说，每家每户都应该在门外挂一盏灯，事实上很多人家都没有挂。

大多数家庭聚在一起祷告，锁好门窗，把炉火压低，上床睡觉。附近的街上，大大小小的酒馆里，人们吃吃喝喝，唱歌跳舞，爆爆粗口，还有偶尔的吵闹声，这些会在刺鼻的牛油蜡烛的昏黄烛光下持续很久。有钱人家里，昂贵的蜂蜡制成的蜡烛灯火通明，主人可以利用晚上的时间安静地读书或者写信，不受干扰。窗外辉煌的、同时却又脏兮兮的城市泥泞的街道上，守夜人的声音在暗夜中徘徊：

> 留心听钟声，
> 小心门户，
> 小心火烛，
> 上帝祝您晚安，
> 十点钟了！

伦敦人的出生

大部分伦敦人出生在城里，并且对此极为自豪。但是尽管伦敦人也许没有意识到，伦敦城却远非健康之选。年死亡率高于出生率，每年至少要增加5000人才能勉强补上人口损失。如

伦敦的语言

abroad 到室外

Alien, stranger 外国人

artificer 熟练技工

blue-coat 用人

cozener 骗子

firing 柴火

haggler 沿街叫卖的小贩

jakes （屋外的）厕所

jetty 探出来的上层楼面

journeyman 学徒期满的工匠（起初是计日工，还未达到独立工作的熟练工匠水平）

napery 餐桌用布

ordinary 小饭馆/（小饭馆里价格固定的）客饭

paled 围栅的

potboy 酒保

pottage 浓汤，炖汤（里面往往有陈面包，吃剩的肉、菜等）

watchman 守夜人

果想要有人口增长的话，那就需要有更多的外来人口。没有瘟疫暴发的年份也确实如此。其中大部分是想来当学徒或者工作的年轻人，以及想找份女仆工作——或者更准确地说，是找个丈夫的年轻女子。他们多来自周围的乡镇，例如米德尔塞克斯郡、萨里郡、肯特郡、埃塞克斯郡和赫特福德郡。其他人则来自英格兰各个地区和邻近的国家。因此在街上或是酒馆里，可以听见英格兰各式各样的方言，更不要说各种外乡方言了——苏格兰语、爱尔兰语、威尔士语、康沃尔语以及马恩语。当然，还有外国人。

伦敦人养成记

伦敦有相当一部分常住居民出生在海外。这些人多数聚集在南华克的圣奥拉弗堂区，具体位置在伦敦桥南端，黑衣修士区和圣马丁教堂这一片。1593 年伦敦主教令下进行的一项"海外回归者"调查，估算人数在七千左右。这和十年前进行的一项类似调查统计的人数基本持平。目前的外国人中，有超过三分之一的人出生在英格兰。

外国人中最显眼的是来自非洲的人，显然不是因为人数众多，而是因为明显的外貌差别，具体而言就是肤色不同。英语词汇中有明显的区别：Moors（摩尔人）指来自摩洛哥和北非的人，Ethiops（阿比西尼亚人）指来自非洲内陆的人，而 Blackamoors（非洲黑人）则来自非洲西海岸。大部分人并非出于自愿来到英格兰——除非他们是从更糟糕的地方逃出来的。他们人数不多，甚至不足以建立自己的教堂和学校。但至少他们不是奴隶，英格兰不允许蓄奴。

最大的外国人群体是被英格兰人称为 the Doche 的人群，荷兰人、佛兰芒人和德国人一股脑都被归入其中。他们拥有自己的教堂，原为奥古斯丁修会的修道院，现在被称为奥斯汀修道院。南华克的佛兰芒人尤以酿酒和卖淫出名。伦敦的荷兰人与科尔切斯特和诺威克的其他荷兰人社区做生意，并且通婚。

其他主要的社群包括被称作胡格诺派的法国新教徒。最早的一批于 1550 年到达，他们的教堂是位于三针街的圣安东尼教堂。坎特伯雷、三维治甚至远至埃克塞特也都有胡格诺派社群的踪迹。

法国人和荷兰人社群除英语外都仍然讲自己的母语，在社群内通婚，招揽别家的孩子当学徒。但是他们也会参与社区事务，而且捐献也不仅限于自己的社区。大部分外国人属于"享有某些权利的外籍人士"，他们有权从事一门营生，法律保障他们的生命和财产，但是他们不可以担任公职，比如高级市政官或者地方行政长官。外国人还需要付额外的税费，他们的生意必须要雇用同样数量的英格兰人和外国人，而且遗嘱需要以拉丁文订立，以保证不会被误解。

> 猪和法国人说着一样的语言：哼，哼！
>
> ——威廉·霍顿《来借钱的英格兰人》，1598 年

伦敦人对外国人的态度充满矛盾。"异乡人"选择英格兰作为他们的避难所无疑令英格兰人对自己的自由和良知充满自豪。但不可避免地，外来者也因为这个城市的各种问题而饱受诟病。有人指责，他们使得原本干净得体的家庭住宅变成了脏乱不堪、人满为患的低级分租住宅，把房子分租给非法房客，而这些无业游民本应被赶出伦敦。他们还被指责要的报酬过低以至于拉低了工资水平，还有将赚到的钱寄往国外。沃尔特·雷利爵士在议会中抱怨说，荷兰人这么努力工作对英格兰人来说就是不公平的。很多人怀疑他们不是为了追求信仰自由而来，而是追求在英格兰赚个盆满钵满。

尽管如此，关心伦敦繁荣的人都应该知道，这些外国人为伦敦作出的贡献不管从哪个角度说，都远远超出他们的人数比例。由于胡格诺派织工们的贡献，伦敦才有机会拥有了自己的丝绸和丝绒产业。意大利人维尔泽莱尼开创了绿色玻璃器皿生产。给衣服上浆则得益于一位荷兰主妇丁真·凡德帕斯。同一年（1564 年），另一位新来的荷

兰人吉利安·博南则把封闭式马车第一次带到了伦敦。自此之后，一门全新的马车制造业开始发展起来。德国人彼得·莫里茨是第一个成功控制泰晤士河的潮汐，实现了送水入户的人。伦敦的异乡客有鞋匠、学校老师、雕塑家、银匠、外科医生、钟表匠、印刷商、钻石工匠、负责处理翎毛的工匠、香薰手套工匠、扣子制作师、网球球拍工匠、十字弩以及纸牌制作等的工匠、石匠、药剂师以及地图测绘员。没有他们的神奇技能，伦敦远不会是现在和未来的样子。

伦敦生活

胡格诺派教徒的生活习惯逐渐影响了其他伦敦人。

织工需要整天待在织布机旁，因此他们会尽量让作坊明媚一些，他们会在木盒里种满香气扑鼻的鲜花，挂在窗户上，旁边挂着笼养的金丝雀——可以整日听到它们甜美的鸣唱。

生活节俭的胡格诺派家庭主妇们向邻居们展示了牛尾巴并不是毫无用处只能扔掉，可以做一道营养丰富的牛尾汤，牛骨头和内脏也能做成美味可口的汤。

他们还会用剩下的猪碎肉做一种叫作萨维罗干熏猪肉肠（saveloy）的红色的辣肉肠，这种肉肠冷食热食均可，因此获得了门房、脚夫等不得不在街上吃东西的人以及只能边走边吃的人的青睐。

据说萨维罗肉肠之所以风味独特、口感丰富，是因为里面加了脑髓。当然，这只不过是个传闻罢了。

真正的伦敦人

如果你怎么也摆脱不了自己是外来客的念头，那么，也许知道伦敦的成年男性公民有差不多四分之一严格意义上来说都是外来客，会或多或少有那么点安慰作用。

只有伦敦市商业公会的成员才被认定为真正的伦敦市民，因为只有他们才有权利拥有不动产，雇帮手，投票选举市长、治安官、高级市政官等。非熟练工人占成年男性总数的差不多四分之一，这些人因此被排除在公共事务之外。很多城市中这种公会被称为手工业行会或是商人行会，具体以其成员主要从事产品制造销售还是以经营买卖为主。在伦敦，这类行会经常被称为同业公会，因为公会的资深成员会身穿精心设计的同业公会制服，丝绸或是丝绒滚边，饰以羽毛。会员在公会会所举行宴会或是进行正式活动的时候就会穿上制服。

和其他任何国家的习惯不同，这个场面在英格兰很常见，也将会（比如在伦敦大部分街区）反复出现，很多大宅外表看来非常朴素，少有装饰，但内部却完全可以接待公爵级别的客人及其全部随从，轻松安置下所有人……而且，我们街道上很多房屋的门面并不像外国城市的房屋那样千篇一律，毫无特点。

——威廉·哈里森《英格兰纪实》

同业公会的权威不容忽视，违反规定会导致罚款、罚没瑕疵商品或是学徒遭受鞭刑。拒不服从或是屡犯过错者可能会被开除出公会。脑筋转得快的新来者（尤其是外国人），往往会选择南华克之类的地方落脚，在这里营生可以避过官方的管束，因为正常来说公会管辖权限不会越过伦敦城界。

最先出现的是绸布商。他们经营着丝绸、缎子、丝绒等昂贵的进口布料，他们有很多经常出入宫廷的贵客。很多人同时还会放贷给这些人脉广且挥霍无度的贵客。

紧随其后、位居第二位的是杂货商公会，然后是布商、鱼贩、金匠、毛皮商、成衣匠、服饰用品商、盐商、小五金商、葡萄酒商、纺织工人等。

同一个行业截然不同的分支会有单独的公会，比如制蜡和牛油蜡烛制作。

有时候相近的行当也会合并在一起，比如铁匠和制作马刺的工匠，贩卖皮革的商贩和制作小袋子的工匠，烘烤白面包和黑面包的面包师。

如果你自己也在从事某个行当或是某门手艺，争取认识个伦敦同行吧。不用奢望能分享什么行业机密—— 一门手艺可不是免费能掌握的，但是时间拿捏得好的话，恰巧赶上他们要聚餐，说不定就正好得到邀请参加，那这顿饭就必然会是一顿获益匪浅的饭了。

闲人避让！市长大人驾临，护剑官开路！

第一公民

伦敦城内只有女王陛下本人级别高过市长，市长每年从 12 个大型公会的主管中选出。市长必须首先担任过高级市政官和治安官的职务。任期只有一年，但（虽然并不常见）有可能连任。照常理市长应该非常好客，随时准备打开大门，因此只有有钱人才有资格考虑是否任职。比如，任何外来的访客，只要是稍有声名，都会被邀请至市长官邸用餐。

市长负责维持良好的治安，伸张正义，饥荒时负责组织粮食救济，瘟疫横行则实施健康管制，对外国人的数量心中有数，监管城里诸市场的运营。

市长在公众场合出现时你是不可能注意不到他的：戴着象征其地位的大金项链，穿着富丽堂皇、羽毛镶边的猩红袍服；护剑官头戴羽毛帽，举着一把巨剑走在前面为其开路——护剑官并非是市长的保镖，而是其权威的象征。卸任市长去世后，往往会留下大量的遗赠：救济穷困，修建济贫院，整修教堂，以及用于其他事业。

市长的公务严重依赖高级市政官。伦敦的 26

伦敦都市传说

《伦敦九杰》（*The Nine Worthies of London*）是理查德·约翰逊于 1592 年出版的一部非常受欢迎的韵文和散文夹杂的编年史，讲述九位出类拔萃的伦敦人的事迹。他们是壁画和装饰挂毯上经常出现的主题。第一位是威廉·沃尔沃斯爵士。1381 年瓦特·泰勒农民起义中，他随同当时年轻的理查二世和起义军在史密斯菲尔德对垒。起义军的首领瓦特·泰勒侮辱了国王，沃尔沃斯当场将其刺死，旋即被封为骑士。

个选举区中，每个区都有一个高级市政官。这些高级市政官指派其副手负责任命警官、守夜人、清道夫以及其他小吏并监督他们完成工作。高级市政官在其辖区内拥有绝对的权威，因此任何敢于袭击市政官的人都会被砍去其实施袭击的手臂。

英式宅邸

感谢几十年来的太平，英格兰的房子注重的不再是防卫，而是舒适了。新晋富豪的宅邸也许仍旧会有塔楼、防卫墙和门楼，但这多半只是装装样子，或是为了让新房子显得历史悠久，以暗示其古老的血统。很多乡村大宅仍旧有护城河，但是鲜有完全环绕宅邸的事实会告诉你，这些"护城河"与其说是为了防备袭击者或者为了饮马，还不如说是为了养鱼供给厨房。

在前往伦敦的途中，你会发现不少建筑精美的大宅被冠以Abbey（原义为大修道院）或Priory（原义为小修道院）的名字，这是因为这里原为修道院，后改建为士绅宅邸。伦敦也有若干大宅，其建筑用石非常古老，或是源自某些原本的宗教场所。但这些是非常少见的，因为伦敦方圆64公里内没有建筑石材。

伦敦人喜欢木构架的房子，填以灰板条和粗灰泥、牛粪和稻草，或是本地烧制的砖块。这视房主的财力允许而定。大部分房屋是三层，也有四层，甚至五层的，一般房屋上层会往外

> **伦敦都市传说**
>
> 到目前为止的一百名伦敦市市长中，只有十名是土生土长的伦敦人。

突出 60—90 厘米。这种突出式的设计，使得上层房间拥有更大的空间，尽管这会牺牲房屋下方的街道采光。最常用的建材是橡木，橡木因其坚固结实被英格兰人视作民族的象征。当今女王治下对于住宅最显著的改变在于：建造楼梯替代上楼的梯子，砖砌的壁炉和烟囱，以及室内厕所的发明。

我们的房子里……挂着壁毯、阿拉斯挂毯或是彩绘画布，描绘着各式各样的历史，或是香草、野兽，或是水鸟……而房间却一点都不舒服，因为这些玩意儿让屋里变得比原来更加闷热逼仄。

——威廉·哈里森《英格兰纪实》

伦敦几乎每一个市民的房屋都有平开式的玻璃窗，有些玻璃窗展示着主人的盾形纹章。只有那些最贫穷人家的房子或是低等小酒馆，还仍然使用格栅木窗，遮上油布或是羊皮。好一些的房子，用覆铅的水槽收集房檐的雨水，这样的水槽不那么粗糙，易于清洗，同时在人口繁杂的伦敦，雨水也比井水要安全得多。

最有钱的市民宅邸则装有护墙板，经常会涂上代表女王的红白绿色。少数会按照西班牙风格，采用定形过的皮制护墙板，涂上金色和黑色，这在烹制或准备食物时尤其有用，因为皮革不像纺织品容易吸收气味，食物的气味不会残留在皮子上。有钱人家里挂着壁毯。然而大部分人家，从外面可以看到的墙面装饰，要么是直接涂抹在灰泥墙的画，要么是挂在墙上的彩绘画布，画着《圣经》场景或是希腊罗马历史及神话中的故事。最受喜爱的素材是

《圣经》中的"浪子喻图"，其中表现出的好客场面展示着伦敦城的富庶；贫穷场景则时刻提醒着人们关注街头巷尾饱经风霜的乞丐。伦敦人也钟爱苏撒纳和长老的故事——故事来自《旧约》，人们得以堂而皇之地描绘裸体却不必担心遭到审查。

地板经常铺着编制的灯芯草垫子。踩上去软软的，新垫子还会散发出宜

伦敦生活

地方足够大的话，伦敦的新房子往往会按照字母E的形制规划建造，一方面为了采光，一方面为了致敬女王陛下（Elizabeth），就像之前的房屋建造往往是按照字母H的规划［其父亨利国王（Henry）的名字首字母］。而向来对着干的清教徒，则坚称他们的房子建成E型，指代的是天父以马内利（Emanuel）。伦敦是一个大港口，有很多造船厂。旧船寿终正寝之后，经受恶劣天气考验的结实的大块木料可能会被拆下来出售，用来建造房屋。

人的清新味道。能够用土耳其织毯铺在桌子上、床上或是箱子上的，必然是富裕人家。箱子的用途很多：储存亚麻织品、寝具、书籍、衣服等，也可以充当椅子，或者如果是放在卧室里的话，还可以放梳妆镜、水盆和水壶。

如果你雇得起人帮你铺床叠被，那就应该心存感激，因为这真的是很麻烦的事情。英格兰人憎恶穿堂风，坚信良好的睡眠对于身体健康必不可少。因此他们的床就像一个对抗寒冷的小型堡垒，最下面是绳架，上面铺上一层帆布席，然后是稻草床垫、羽毛床垫、上好的亚麻被单、暖和的羊毛毯，最后才是床罩。四柱床的顶盖和床帘是夜间守护的最后关口。一些伦敦人认为睡帽比睡衣更为重要。几乎每个人都会围上睡觉用的颈巾以

伦敦生活

虽然，责打仆人（既能让仆人吃点儿苦头又不会造成真正的伤害）是既合法也为公众接受的，但很多房主却发现罚款是个非常有效的措施。通常的罚金范围如下：

厨师没有按时做好饭——半天薪水；

和女仆调情——4便士；

教孩子们说脏话——4便士；

吃饭或祈祷的时候缺席——2便士；

骂脏话——一次1便士；应该锁好的门没有锁——同上；

8点之后没有整理好床或是清扫好壁炉——1便士；

礼拜日的时候衣冠不整——6便士；

打人或是挑衅的男仆可以立即解雇。

确保颈部温暖。

主人会为客人提供自家制的毛巾和肥皂——往往质量上乘，清洁牙周则用牙皂和一条粗亚麻布。

一般家庭中会使用各种各样的靠垫，但是配软垫的家具还仅限于宫廷。儿童和仆人仍旧坐长椅和凳子，不过很多家庭男主人已经拥有扶手椅了。

持家有道的主妇每周会换两次亚麻桌布和餐巾。富裕家庭的餐厅里会有橱柜展示主人的银器收藏。碗碟和单柄大酒杯上会镶有盾徽，彰显着新近获得的贵族身份。屋子的主人显然每次扫过这些银器都会心花怒放。而女主人则清楚地知道带有纹饰的盘子只不过更容易沾染污垢，需要更频繁地清洁擦亮。

花　园

如果你有幸获邀住进伦敦人的家里，那主动要求参观花园是最简单的博得好感的方式了。英格兰人热爱园艺，伦敦人也不例外。据说女王陛下本人每天清晨都会在宫廷花园中忙个不停，一丝不苟，除草，修枝，亲自动手，而不只是在旁监督。

伦敦人对于园艺读物有着热切的需求。最为有名的一本，初版时名为《花园打理简明手册》（*Most Brief and Pleasant Treatise Teaching How to Dress, Sow and Set a Garden*），作者是托马斯·希尔。第二版作者将其更名为《有实益的园艺》（*The Profitable Art of Gardening*）并

> 万能的上帝是头一个经营花园者。园艺之事也的确是人生乐趣中之最纯洁者。它是人类精神最大的补养品，若没有它则房舍宫邸都不过是粗糙的人造品，与自然无关。
> ——弗朗西斯·培根《论花园》

增加了一章讲述如何养蜂，成功延长了书的寿命。第三版的署名是迪代默斯·芒廷（Didymus Mountain，姓 Mountain

既非杂务也不枯燥——事实上伦敦人热爱园艺

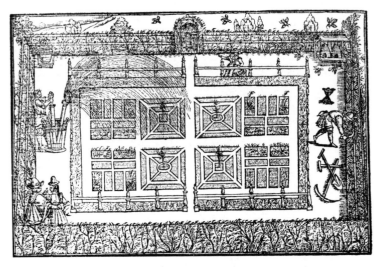

最新的园艺发明是强力水泵，保证花圃看起来总是如刚被晨露浸润一般

而不是 Hill！）[1]，书名为《园艺家的迷宫》（*The Gardener's Labyrinth*），增加了一章嫁接的内容。后面还出版了三版，但是作者的兴趣已经转向了相学、解梦、解读彗星的意义，以及如何学会算数。

参观花园的时候（这显然是为了让你惊艳），应该留意在如下方面表示赞赏：

1）由修剪细密的方块树篱分隔的花圃图案。

2）由不同颜色的土壤、砾石和沙子铺成的小径。这些小径很难保持规整，但是很多房主宁愿花钱维持效果。

3）喷泉——比一潭死水的水塘更受青睐，后者经常招来苍

---

1 Didymus 即 Thomas。——译者注

蝇和青蛙。

4）桦木搭成的凉棚，往往可以维持十年，而柳枝搭成的凉棚三年就开始腐朽了，因此比较富裕的房主会选择桦木。

5）砌起的砖墙可以遮蔽火辣辣的阳光，因此可以在砖墙下种植异域植物，比如杏树和桃树。

最大的花园可以容纳一块撞柱戏球场和一座假山，有桌子长椅，甚至是一个餐室，主人和宾客可以安坐其中俯瞰整个花园，还能越过围墙看到邻居的花园。

通常来讲，市镇园圃的用途较为单一——种植用于烹饪、制作美容用品和药用的各种香草，种植新鲜莴苣、做菜用的豌豆和蚕豆、梨子或是各种莓果，还可以养蜂。对于承受着高压的家庭主妇来说，拥有一个大花园的好处之一就是有足够的安全私密空间晾晒衣物。没有地方晾晒衣物的主妇就得搬着一大桶湿衣服走到芬斯伯里场或是迈尔安德场，把衣物晾到树篱或是灌木丛上。除却浪费的时间和搬来搬去的麻烦，还经常有丢失的危险。偷盗晾晒的衣物是伦敦的一项主要犯罪行为。

> 插满香草的房间和客厅味道芬芳，让人精神一振；卧室和厕所里精心搭配的小花束香气宜人，让我心情愉快，所有感官也都随之活跃了起来。
> ——荷兰医生利维·莱姆内《肤色的试金石》，1576年

> 如果你看看我们的园圃……我们的花园变得愈发美丽了，不只是因为娇艳的花朵，还有

> 这四十年来各地发现的珍稀药用香草；因此，和现在的园圃比起来，旧时的花园简直就是粪堆……园圃里还展示了每天有多少的异域香草、植物和一年生水果从（东西）印度群岛源源不断地运到此处。
>
> ——威廉·哈里森《英格兰纪实》

与有着不同气候和不同作物的远方国度的贸易增长，尤其令伦敦人从中获益。种子很容易带回来，有时活的植株也能成功运回来，在经验丰富的园丁细心栽培下，新的植物适应了英格兰的土壤和空气。最为富庶的伦敦人现在可以享受自家种植的异国水果，比如桃子、杏、蜜瓜、柠檬、橙子和石榴，即便普通的花园也因为旱金莲和飞燕草而增色。有时候这些新客的名字会有那么点误导性。"非洲金盏草"实际来自墨西哥，刺叶王兰（本义为西班牙兰）也是如此。

除去皇宫园圃之外，最引人注目的园圃则由律师学院和伦敦的同业公会所有。格雷律师学院的林荫大道两侧是古老的榆树，其间的忍冬、蔷薇、香石竹、紫罗兰和藤本植物映衬得色彩斑斓。林肯律师学院的草坪则是一片翠绿，养活了很多兔子，也丰富了人们的餐桌。布商同业公会的花园以大马士革玫瑰闻名遐迩，拥有迷宫、喷泉和撞柱戏球场。富有的金匠们则拥有两座花园，一个紧

伦敦都市传说

玫瑰是英格兰的国花，也是女王陛下本人的徽记。玫瑰是洗浴用品、美食、香水以及许多药剂中必不可少的成分。圣殿骑士团以其玫瑰闻名，据说玫瑰战争即是起于以白玫瑰为其纹章的约克家族和以红玫瑰为纹章的兰开斯特家族之间的争斗。

邻他们在切普赛德街的公会会所，另一处配有餐室的，则在跛子门外。

也许最令人叹为观止的私人花园要数休·普莱特的花园，位于其在贝斯纳绿地科尔比堡的府邸。他在这里用不同种类的肥料做了很多尝试，种植的葡萄酿出的酒得到了法国使节的赞赏，真心称赞说他们在法国都没有这么好的酒。普莱特撰写了一本名为《女士钟爱之宝典》（*Delights for Ladies to Adorn their Persons, Tables, Closets and Distillatories with Beauties, Banquets, Perfumes and Waters*）的手册，为主妇们提供了各种技巧，比如蒸馏甜果汁饮料、腌渍蜜饯和染发。

自家房子后面没有花园的伦敦人经常会在城外租一个花园，用途和他们幸运的邻居类似——种植香草、果树和做沙拉的蔬菜，晚上或是假日携眷或带上朋友去散心、玩游戏。当然，有些人的目的，可能并不是那么纯粹……

> 在野外或城郊……他们的花园要么有围栏，要么有很高的围墙……除非他们突然出现在这些开阔的地方，他们都在自己的餐室里……当他们在室内的时候（毫无疑问他们会待在室内），很多人就露出了肮脏的本来面目……他们的花园是锁起来的……他们在其中私会情人，甜言蜜语。
>
> ——菲利普·斯塔布斯《虐待的剖析》

四 伦敦人的口味

新食物，新癖好 & 用餐礼仪和时间
& 宴会 & 烟草

我们这个地区靠近北部，因此这确实会让我们的胃消
化更快；所以我们的胃会比更暖和地方的人需要更多
的能量。

——威廉·哈里森《英格兰纪实》

伦敦人热爱美食。只有清教徒（以及土耳其人）会禁食。所
以，除非你是清教徒或者土耳其人，不要认为别人会因为你绝食
而欣赏你。

肉　食

夏天天气好的时候，人们喜欢在户外吃饭

肉食，尤其是牛肉，
在伦敦人的餐单上高居榜
首。伦敦周边地区无法供
应伦敦所需的牛肉量，因
此远至威尔士的肉牛都被
赶到伦敦来。漫长的旅程
使这些牛瘦骨嶙峋，因此
经常能看到牛群在伦敦城

东面的湿地吃草催肥。

穷人买得起的肉食基本上是培根。整个欧洲只有英格兰人会吃培根煎蛋。马肉（据说）没有人吃，但很可能和其他肉类混合起来作馅饼和香肠的馅料。伦敦的肉铺、摊位和屠宰场都有持续的监管，因此伦敦城区范围内不太可能发生这种事。但是城外运进来的食物就是另一回事了。乡下人仍然吃獾肉和刺猬肉，所以，从街上的小贩那里买肉馅饼而不是从（有监管的）固定摊位上买时，请一定三思。

家禽　天鹅是常规市场里能买到的最贵的家禽，一般只有宴席的时候才会享用。大部分水禽，比如野鸭和鹭鸟，通常会浇上用鸭血或是鹭血调制的酱汁，加上香辛料调成辛辣口味，或是裹上面包屑。鹅通常是烤熟吃，配酸模酱汁或是芥末和醋。最为美味的水禽是艾尔斯伯里（幼）鸭和诺福克火鸡。鸽子很便宜，8便士一打，经常用作馅饼的馅料。

野味　兔子很常见，也便宜，理论上来说，皇家园林中饲养的鹿受法律保护，不允许买卖。质量上乘的雄鹿经常作为礼物出现，事实上却总能在不公开的市场上见到。鹿肉显然

> 单只一个城市，就能吃掉这么多肉，这真是令人难以置信。
>
> ——亚历山德罗·马格诺《说威尼斯》，
> *1562年*

> 鹿肉是属于上帝的美味，对英格兰人来说非常有益，因为鹿肉可以赋予人应有的活力，使人强壮、适应力强；牛肉对英格兰人也是有益的，只要肉质幼嫩，而且不要是奶牛的肉……小牛肉很好，易于消化；培根是给马车夫和农夫这些忙忙碌碌停不下来的人吃的。
>
> ——安德鲁·布尔德医生《健康日课》，
> *1542年*

是同业公会宴席上通常的主菜。

如果不是炖菜或者做成馅饼，人们烹饪肉和鱼的时候经常往其中填装馅料。填料一般会包括无花果、葡萄干、糖、猪油、面包屑、蛋黄，以及由香草和香料组成的可能多达上百种的调味料配方。

日常饮食

从健康角度来说，富人的饮食结构很糟糕。他们吃肉太多，而蔬菜、水果和奶制品的摄入量都不够。年纪轻轻就有得坏血病的危险，牙齿也容易松动；年纪再大一些膀胱也容易出问题，还会患肾病或是视力衰退。

为英格兰而食

吃鱼是爱国行为。英格兰很久以前就和罗马教廷闹翻了，但是据信英格兰人仍旧在礼拜三、礼拜五和礼拜六吃鱼。根据祈祷书中所言，这是为了"渔民数量的增长，其中必会有更多的水手奔向大海，充实帝国海军的力量"。今天抓鳕鱼，明天打沉西班牙舰队。

应该一年有 156 天禁止吃肉，但实际上严格执行的只有大斋期[1]。违反大斋戒期间的禁食令会被课以重金罚款，或是戴上颈手枷示众六个小时，或是戴足枷一夜，或是在监狱里待上十天。事

---

1 从圣灰日至复活节前一日，共 40 天。也称四旬期。——译者注

实上，"不吃肉"并不是那么难以忍受，因为家禽、海雀、小牛肉和野味都被算作是"鱼肉"。大斋期鸡蛋是不能吃的，即便是作为烹调的原料也不行。

礼拜三可以有一道肉菜，前提是需要搭配三道以鱼为主的菜。病人若不想这样做，可以从主教处购买豁免许可证。钱会归入捐款箱，而非落入主教手里。被允许吃肉的人往往是餐桌上有用的客人。肉菜会放在他面前，而他可能会希望将菜分享给其他人。

腌鱼是冬天的主要食物，食用前要进行相应的烹调和腌制。鳕鱼干可以存放几年，因此是海军和驻防区店铺的常备货品。但鳕鱼干事实上需要砸碎才能吃，所以大部分厨师

伦敦语言

amulet 煎蛋饼

Barbary 北非

Carbonado 烤（肉）

collops 煎熟的培根

cullis 肉羹

drage 黑麦和大麦的混合粉

green goose 不足四个月的幼鹅

guinea fowl 珍珠鸡（新从西非引入的一种山鹑）

kickshaw 源自法国的时髦点心

quelque chose 小事

Levant 地中海东岸

marchpane 杏仁蛋白糖

maslin 黑麦和小麦的混合粉

nunchion 餐间小食

poor John 咸鳕鱼

pottle 两夸脱大啤酒杯

rabbit 一岁以下的小兔子

rear-banquet 夜宵

sack 雪莉酒

seeth 炖

stockfish （通常产自挪威的）鳕鱼干

stubble goose 吃收割后地里的残茎长肥的鹅

sucket 糖果（例如糖李子）

verjuice 酸果汁（词源为法语vert-jus，义为绿色果汁）

whiskey 威士忌（词源为爱尔兰语ulsce beathadh，义为生命之水）

都有自己的"鳕鱼锤子"专门用来砸碎鳕鱼干。最佳建议是砸上一个小时，然后泡上一夜，接着煮上至少两个钟头，这样才能用来煮汤、炖菜或是做成馅饼。

龙虾的消费数量惊人——可以带壳吃、放在馅饼或是小肉饼里，还可以添加到汤羹和馅料里。最上等的龙虾来自埃塞克斯的科尔切斯特和肯特郡的惠特斯特布尔。最优质的鳟鱼来自汉普郡。盐水腌制的鲑鱼来自苏格兰，和康吉鳗的烹饪方法类似，人们经常会用烈性麦芽酒来炖盐水鲑鱼。狗鱼被视为鱼中之王。鲤鱼很少见，售价高昂。穷人吃的是鳗鱼和贝类。

奶酪的选择

不能吃肉的日子，很多人会选择奶酪。英格兰士兵每天有半磅的奶酪配给量。可以去利德贺市场或是面包街找优质的英格兰奶酪，比如味道浓烈的切达干酪或是口感松脆的柴郡干酪。对于伦敦人来说，最常见的是产自埃塞克斯和萨克福的羊奶做的奶酪。这种奶酪味道浓烈，巨大且坚硬，用来砌城堡的围墙都不会有问题。这种奶酪是水手的标准伙食——这可不是因为他们喜欢吃：

伦敦生活

糖是另一样有钱人经常想吃的东西。女王陛下嗜食糖衣杏仁——这也是造成她牙齿褪色和齿间缝隙的罪魁祸首。（注意：英格兰的肖像画从没有咧嘴笑的人物形象。）圆锥形塔糖可以在渔街买到。英格兰蜂蜜对牙齿的损害小得多，广受欢迎并出口欧洲各地。

野蛮人把我做出来，
把我做得硬邦邦，
刀切不动，火烧不开，
狗冲着我吠却不肯咬。

蔬　菜

没有人多喜欢蔬菜，除了佛兰德斯来的洋葱，以及一般切碎放在汤里的卷心菜。蔬菜属于勉强被容忍的对象，尤其是当蔬菜被泡在黄油里端上来的时候。最好的黄油来自埃塞克斯的埃平。下等货可能会用万寿菊叶子挤出的汁染上颜色，然后在市场上充作埃平黄油出售。

蔬菜经常和谷物一起煮成糊状的浓汤——这在伦敦乡下很常见，但城里只有乞丐才会吃这个。人们还会把甜菜根、

各式各样的水果基本都是水注入到血液中，在身体里沸腾起来，就像是新酒在容器中沸腾，于是给了血液力量净化身体，最终消除疾病。

——托马斯·科根医生，1584 年

紫甘蓝、蘑菇、黄瓜和海芦笋用醋、酸果汁或者是陈啤酒腌起来，留到冬天吃。草莓季从六月中旬开始，只有短短几个星期。草莓价格变化很大，一品脱从三便士到一先令不等。人们吃樱桃时会配上肉桂和姜（可能还会有芥末）。橙子、葡萄干、李子干和杏一般从葡萄牙和西班牙进口，但是花费不菲——一个柠檬就要六便士。如果这些水果中的任意一种出现在请客的餐桌上，那你就应该知

┌─────────────────────────────────┐

一定要注意！

sallet指任何蔬菜做的菜肴，不论生熟——包括蔬菜色拉，其中可能会有报春花、雏菊或是蒲公英。

Good King Henry并不是什么表示效忠的祝酒词，而是一种菠菜，有点辣味。

Humbles（发音是umbles）指（通常是鹿的）内脏，加各种药草、香料和板油做成派（humble pie）。馅料不仅有心、肝和肾，还包括肺、肠子和脾脏。

Brawn是一种用猪头肉和前半部分的肉做成的稠肉冻。这是一道大菜，经常要到圣诞节的时候才有的吃。

Gravey是一种碎杏仁、肉汤、糖和姜混合的浓稠酱汁，用于给兔肉、鸡肉、鳗鱼或是牡蛎调味。

Blancmange由于制作过程中没有使用任何味道浓烈的调味料而令人惊叹。其原料包括煮过的大米，用针挑成细条的阉鸡肉，杏仁奶和糖。表面经常会装饰煮白的杏仁。吃鱼的日子里可能会把这道菜加上干黑线鳕、鲈鱼或是龙虾作为主菜。

当心英格兰芥末，非常辣，如果你没吃过的话，请一定谨慎尝试。伦敦人尤其喜欢用芥末来遮住腌鱼的气味。

└─────────────────────────────────┘

道，主人在尽力取悦你。

很多肉菜是以北非阿拉伯地区或是黎凡特地区（地中海东部地区）风味烹调的，加了水果，比如西梅、橙子和枣，还有各种香料，诸如肉豆蔻皮和豆蔻核仁。常见的鲱鱼派菜谱同样包括一只大梨、枣子、葡萄干、醋栗、肉桂、红酒、黄油、糖和盐。这种菜一般会包裹在称作coffin（棺材）的没有味道的油酥面皮硬壳里，以保持味道和汤汁不会散失。菜做好后硬壳会被扔掉。

主 食

面包是主角。有钱人，更确切地说是伦敦大部分有产公民，吃精白面粉做成的面包。这是最好的品种，叫作白面包（manchet），扁平，圆形，6盎司重。裸麦面包（cheat，ravel，或是叫作 Yeoman's bread）会

特别制作： 为婚宴特意烘烤的超大婚礼蛋糕

有一些麦麸存留，面包是有点发灰的黄色，个头很大。穷人吃的则是粗面包（Carter's bread），原料是裸麦，或是用黑麦和小麦或是黑麦和大麦的混合粉做成的，不易消化。收成不好的年头，伦敦的面包师用燕麦、小扁豆、豌豆或是最糟糕的菜豆来做面包。

在烹调中面包也被大量用作增稠剂，面包屑被撒在食物表层，或是作为馅料和香肠的填充成分。

新食物，新癖好

伦敦作为国际贸易的枢纽，尤其易于接受外国影响。曾几何时皇家宫廷的奢侈品身价大降，出现在寻常商贾的家中，比如糖、胡椒、杏仁、枣子等。橄榄从希腊运来，刺山柑花蕾来自法国，鳀鱼则来自西班牙。新的舶来食物包括黄瓜、覆盆子、菠菜、茄子、无花果、芦笋、桑葚、四季豆、花椰菜、甘薯、洋蓟，还有完全不同的被叫作加拿大土豆的耶路撒冷洋蓟。

来自新世界的番茄被英格兰人当作壮阳药，因此有了"爱情苹果"的绰号。约翰·杰勒德，英国最优秀的药草专家，认为番茄应该只生长在园圃里作为观赏植物，因为其"出身高贵，味道难闻"。杰勒德也不太看得上玉米——"它既没有营养，还硬邦邦难以消化，吃起来令人作呕，更适合猪吃，而不是人。"

用西梅干，把红葡萄酒倒上去，加糖，加多少看自己喜好，让它们一起浸泡，直到你觉得酒已经像是糖浆了，西梅干已经吸满了汁液。

——《奇思妙想和秘方大全》，1573 年

英格兰人终于搞明白了"弗吉尼亚马铃薯"到底哪个部分有毒（叶子），哪个部分可以吃（块茎）。但到目前为止还没有人开发出令人信服且味道不错的吃法。

尊敬的哈里森牧师对于贵族家庭雇用异国厨师的狂热表示谴责——"大部分都是喜欢音乐的法国人"——这些异国厨师带来了焖肉、（回锅）肉丁土豆、蔬菜炖肉、马卡龙、护身符以及各式各样琳琅满目的"异域美食"。

用餐礼仪和时间

一般来说伦敦住户每日三餐。早餐在六点到七点期间，通常包括面包、黄油，配麦芽啤酒，视季节不同，可能还有鲱鱼、冷盘肉或是乳酪。午餐可能会在酒馆里吃，或是从小餐馆买了带回家，通常会有一个热菜——烤肉、派、汤或是炖菜，还有标配的面包和啤酒。晚餐一般在五六点，会有冷盘肉、乳酪等，还有面包和啤酒。

有身份的人和商人主餐时间会稍微提前或推后一点儿——现烹调的午餐在十一点钟到正午之间，现烹调的晚餐则在六点左右。

家庭正餐通常包括二

伦敦生活

在离首都有一两天之内路程距离的地方有庄园的人会有两头供给食物，从乡下送来新鲜食物，从伦敦买回最好的东西，不管是咸鱼还是藏红花。威廉·达雷尔的庄园送来鲑鱼、鹿肉、兔肉和鸡肉，还有各种野鸡（即便并非当季食物）和一批专门运来的鸽子派。达雷尔的荷兰籍花匠科尔内留斯甚至在五月中旬送来了三夸脱的草莓，比正常的产季足足早了一个月。达雷尔送了价值1英镑3先令3便士的"园艺工具"作为回报。

达雷尔的随从人员没有私人厨师，因此每顿饭他需要付给厨子1先令给他的肉或是鱼调味，或烤或煎或煮，再配上用欧芹、丁香或是酸模调制的合适的酱汁。

至三个菜，同时端上来。如果有客人的话，可能会有四至六道菜，还有咸萝卜、加芥末的咸牛肉或是牡蛎配黑面包做开胃菜。干活的人吃得晚一些，正午时分吃午餐，晚上七八点钟喝点小酒。

宴 会

宴会不仅有各式各样的菜肴，通常还需要有一个主菜。野猪做主菜是个不错的选择，不过因为野猪已经被捕杀殆尽，现在只能从法国进口了。所以通常主菜只有一个猪头，而非整只猪了。天鹅、苍鹭、鸨、鹤和孔雀逐渐失宠，小雄鹿仍然价格不菲。来自萨里郡和肯特郡的野鸟，比如乌鸫、麦穗鹀、小嘴鸻和雀

伦敦生活

餐叉据说是一种意大利式的装模作样。但是如果你受不了这些，那就尽管带上自己的餐刀和勺子。不管怎样，用餐之前记住要洗手——而且要让同桌的客人看到。

类，一般是作为开胃菜。海岸边采集的海蓬子也是一道受欢迎的头盘。

通常会有专门雇来的专业切肉的人负责上菜。他会知道如何应付孔雀或是鼠海豚之类难搞的菜，以及给每道菜搭配合适的酱汁。所以如果你不知道如何把鸡的腿和翅膀扎紧，把梭鱼一剖为二，或是料理龙虾，那就把这些事留给专业的人吧。

日趋流行的做法是，在一个单独的房间里享用宴会的第三道，也是最后一道菜，如果能在花园的粗木凉亭里那就更好了。在伦敦的人家里，到铅皮屋顶上去享用野餐是很平常的。有各种甜食：甜果馅饼、果冻、蛋奶果泥、乳酒冻、凝乳酪、饼干、果仁糖果和蜜饯。甜果馅饼的馅料会有玫瑰果酱、金盏花瓣、樱草或报春花加上奶油或凝乳搅拌，还有用藏红花、糖、盐、酸果汁和黄油调味的嫩豌豆。榅桲可以用来制作稠果酱，这种果酱能做成别致的形状，再撒上糖。

水

水可以用来清洗和做饭。如果用来稀释葡萄酒，那一定要先过滤再煮沸。最好的办法是先用容器煮沸成蒸汽，再回收蒸馏水。只有这样才能确保水的干净程度达到饮用标准了。

麦芽酒（ale）和啤酒（beer）

麦芽酒是常规家庭饮品，通常分三种酿酒浓度——单料麦酒、双料麦酒和四料麦酒。1560 年，对啤酒有诸多不满的女王陛下即位伊始，就命令禁止四料麦酒的酿制，因为酒精浓度高，人们很容易喝醉，结果会导致斗殴、持刀伤人等事件。这道法令在伦敦这种管理严格的城市相对容易施行，但是伦敦之外则是另外一回事了。

麦芽酒还可以用肉豆蔻、肉桂或是迷迭香调味。啤酒则是加了啤酒花的麦芽酒。这给酒平添了一番风味，而且可以让酿制的酒存放更久。这两个词（ale 和 beer）经常混着用，没有什么区别。殷实的商人家庭通常会每个月自酿啤酒，一次酿制差不多 200 加仑，放一个月之后再喝。贵族家庭的啤酒通常都是存放一年以上的。

请注意餐桌礼仪！有大人在场的时候，儿童可能需要站着，即便是在吃饭的时候

牛　奶

按照常规，只有穷人才喝牛奶。但是，牛奶和更为重要的奶油在制作布丁、牛奶甜酒、凝乳酪和乳脂蛋糕的时候非常重要。如果你确实会在伦敦喝牛奶，请提防奇特的回味。牛棚养的奶牛很多吃的是酿酒的渣滓做的饲料。如果你想找一头妥当饲养的奶牛，那就去圣詹姆士公园买一头吧。

葡萄酒

英格兰大多数葡萄园都是附属于修道院的，因此现在所剩无几，但是从加斯科涅和莱茵河西部地区进口的生意也已经有几个世纪的历史了。

我发现……如此上头的麦芽酒和啤酒……
在追逐其强大力量的人中间通常被称为带劲的啤酒（Huffcap），疯狗，父亲和私生子，以及龙奶。
——威廉·哈里森《英格兰纪实》

葡萄酒种类繁多。最常见的有波尔多红葡萄酒、萨克干白葡萄酒、马姆齐甜葡萄酒和加那利白葡萄酒。波尔多红葡萄酒通常三便士一品脱，萨克干白葡萄酒四便士，莱茵河地区产白葡萄酒五便士。英国人也会从西班牙、葡萄牙、马德拉以及科西嘉和克里特岛等地中海岛屿进口葡萄酒。

葡萄酒不是装瓶出售，而是从酒桶里倒出来卖。人们经常会兑水稀释葡萄酒。女王陛下自己喜欢的比例是三份水兑一份酒。冰葡萄酒是用虹吸管从酒桶里抽出来，然后倒进瓶子里，再放进注满冷水的金属蓄水箱里冷却。葡萄酒一般不会放置超过一年，因为超过一年的酒往往会变酸，有了醋味。

伦敦生活

伦敦的渔港是巴金。巴金人在捕鱼季节一般出海十六周，伙食包括每天一加仑啤酒，一磅饼干，四盎司培根，三盎司燕麦或是干豌豆，半磅荷兰奶酪，四分之一磅黄油，以及抓到的新鲜的鱼——有多少算多少。还有每天定量的醋。除此之外，还有少量的各种调味料，比如蜂蜜、糖、胡椒、肉豆蔻和姜。

对于真正酷爱葡萄酒的人，伦敦是个天堂，充满了选择。和只会吹嘘自己家乡的葡萄酒最好的法国人不一样，伦敦人没有什么本地产葡萄酒，所以想喝什么尽管喝。

烈性酒（生命之水）

近来一种蒸馏得来的烈性酒开始时兴起来，这种酒是从荷兰和爱尔兰战场上归来的士兵们带回来的。酒精给客栈里的士兵带来欢愉，寒夜中给他们带来温暖，战斗中给他们勇气，也给失败的士兵们带来慰藉。这种酒经常被叫作生命之水（Aqua Vitae），也会被（更为准确地）称作"沸水"。这种酒可以用桧柏浆果、洋艾、海索草或是薄荷调味。这种令人暖和的饮品被认为对心脏有益，因此被称为"强心药"，可以在药剂师那里买到瓶装的。

> 爱尔兰产的烧酒，粗俗的名字是 Usquebaugh（即威
> 士忌），是世界上这种酒中的极品。这种酒也是产自
> 英格兰，但"来自爱尔兰的"自然是最好的了。威士
> 忌比普通的烧酒更受欢迎，因为其中葡萄干、茴香籽
> 和其他东西混合起来，缓和了其烈度，味道更加适口，
> 减轻了入口的灼烧感，但却仍旧能给虚弱的脾胃带来
> 适度的温暖和享受。
>
> ——费恩斯·莫里森《旅行日记》

烟 草

> 它会让你的口气和狐狸尿一样骚臭难闻。
>
> ——托马斯·戴克《诚实的婊子》

吸食烟草也就是在最近这五年才真正流行起来。用的是小小的陶土烟斗。在剧院里一般花上三便士就能填满烟斗。但是一磅的价钱却天差地别，因为至今也没有什么稳定的供应。

餐后一支烟被认为有助于消化

他们对此习以为常，所以……不管在哪里，想抽就
抽，剧院里、酒馆里或是其他什么地方……这使得他
们闹哄哄的，十分开心，还会昏昏沉沉，跟喝醉了差
不多，尽管这股劲很快就过——因为抽烟让人如此快
乐，他们就没完没了地抽，以至于他们的牧师怒斥他
们在自我毁灭。据说抽烟的人死后血管里像烟囱一样
满是油烟。

——托马斯·普拉特，*1599 年*

五 法律与秩序

提高警惕 & 惩罚 & 武装部队

如果说伦敦是犯罪之都，恐怕没有人会惊讶。伦敦迄今为止是英国最大的城市，和这片土地上任何地方相比，都有更多的房子可以盗窃，有更多的商品可以偷盗，更多的醉鬼可以抢劫，更多的游客可以蒙骗。

大部分的小偷小摸是为了糊口的乞丐所为，但是伦敦隐藏着数量庞大的职业罪犯，其中不少藏身于类似圣马丁教堂区、萨伏伊宫或是阿尔塞西区的旧房子，或是位于舰队街和斯特兰德之间、原来的白教堂附近的地方。在这些地方他们总能消失在错综复杂的庭院街巷中，心知肚明他们的邻居会给追捕者制造障碍或是故意指错路。诚实的公民或是谨慎的来客都不会踏入这些地方。

提高警惕

最常见的犯罪行为包括：

偷窃 伦敦的扒手技巧高超。小偷们往往是成对（或者小团伙）行动——一个负责寻找目标，另一个可能负责分散注意力，第三个动手。通常，流浪歌手负责把人招揽来，表演之前先会提醒观众小心他们的钱袋——人们就会立刻摸摸自己的钱袋，正好给歌手的同伙指明了目标。最容易被偷的地方是那些人流量大的地方，比如圣保罗教堂或是皇家交易所。还有那些嘈杂的地方或是场合，比如剧院里、巴塞罗缪集市，或是市长就职日的集会。特别要注意不要喝太多。醉鬼很容易在小巷或是天井里成为小偷的目标，尤其是天黑之后。

伦敦语言

argent, bit, cross, lower 硬币，现金

brabble 吵架

bong, bung 钱包

broadsword 大砍刀

buckler 小圆盾（现已不再使用）

cant, peddler's French 罪犯黑话

counterfeit crank 诈病的无赖

cuttle 刀子

foist 掷骰子时候的花招

foister 扒手

nipper 小偷

shadow/stall 扒手负责寻找目标、分散注意力的同谋

骗子　在大城市的一大乐趣就是会碰到各式各样的人，听说各种迷人的故事。注意故意接近你陈述着自己不幸遭遇并寻求帮助的人，最常用的桥段里的主角是那些所谓因沉船一无所有的水手，遭遇了不景气的生意人，曾经在海外战争中服役现在却穷困潦倒的老兵，假扮房子遭受了火灾的女主人，假装要筹款建医院的冒牌牧师。真的遭受了这些灾难的人，或者确实是在募集善款的人会有官方颁发的乞讨许可证。糟糕的是，作为印刷业中心的伦敦，这些许可证太容易造假了。

欺骗　不要随便接受不认识的人邀请进入酒馆、小饭馆或是撞柱戏场。不要和陌生人玩纸牌、骰子或是赌钱。如果你希望

伦敦都市传说

作假的骰子各式各样。有的骰子做了手脚，掷不出3和4，5和2，或者6和1。有的骰子则是只能掷出这几种组合。四角灌铅的骰子只能掷出大的点数（4—6）或者小的点数（1—3），做了记号的纸牌则是用不显眼的凸起或是记号来作弊的。

你回来的时候马还在原地的话，就不要让别人帮你牵马。

人身攻击 随身携带双刃剑或是匕首的意大利式风尚日益流行起来，出现了越来越多的严重伤人事件。以前人们携带阔剑和护具，这些武器很难在室内或是狭窄的空间内使用。到外面去找个合适的地方决斗，会让火气有时间降下来。而背在背上的十字柄匕首实际上是短剑，很容易抽出来，近距离足以致命。

纪律部队：警员和守夜人

守夜人负责夜间巡视街道，随身带着粗棍子和灯笼。很多

注意恶犬！大多数游手好闲者更应该提防的不是守夜人，而是他们的狗

守夜人都上了年纪，身体不好，或者有残疾，反正就是干不了别的活儿。他们归警察管，而警员则是从教区里身体健康的房主中选出，至少要任职一年。负责地方治安的警员是没有报酬的，所以富裕的房主很乐意花钱另雇他人担

任这个工作。富裕的、较大的教区会有十几个守夜人，靠数量撑一撑场面，抵消人员羸弱的缺陷；没钱的小教区守夜人很少，应该尽量避开，尤其是晚上。还有职业线人和其他人可以协助寻回丢失的货品，当然，他们不是白干的。

监 狱

需要了解的是，除非是密谋推翻王位，否则很少有被判长期监禁的罪行。伦敦有很多用来关押犯人的地方。

政治犯会关押在伦敦塔里。一些犯人会被严格监禁并且遭受拷问，另外一些则根据其地位，以及被控的罪行严重性或是证据充足与否，享有一定的舒适性，他们被许可拥有外面送来的书籍、酒、肉食等，允许亲朋探视，并且可以在围墙内散步。

位于南华克的王室内务法庭监狱，一个以营利为目的的私人机构，成为仅次于伦敦塔的关押有皇家背景犯人的监狱。新门监狱因为热病肆虐而比别的监狱更为糟糕。很多人还没上法庭就死在了那里。位于舰队河边的舰队河监

伦敦语言

beak 地方执法官

bellman 守夜人

catchpole, headborough 负责逮捕犯人的警官、警员

derrick 刽子手

engines 刑讯用具

garnish 给狱警的贿赂

law-day 过堂（法庭审判的一堂）

pettifogger 讼棍（专门处理小偷小摸的讼师）

pilliwinks 夹指刑具

shoulder-clapping 逮捕

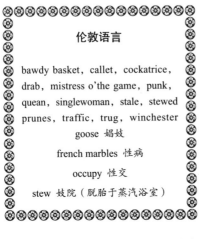

伦敦语言

bawdy basket, callet, cockatrice, drab, mistress o'the game, punk, quean, singlewoman, stale, stewed prunes, traffic, trug, winchester goose 娼妓

french marbles 性病

occupy 性交

stew 妓院（脱胎于蒸汽浴室）

狱同样因虐待犯人而臭名昭著。犯人们的待遇和他们能给出的贿赂息息相关。克林克监狱位于河岸区，规模很小，关押的都是当地妓院不守规矩的恩客。令人颇为意外的是，这里归西敏寺主教管辖——主教大人是本地的地主。

布莱德威尔感化院原来是爱德华八世建造的一座宫殿，目前主要用来关押轻罪犯人，一段严厉的短期惩戒可能会使他们免于堕入一辈子的罪恶生涯——关押的是闲荡的妓女、花光了钱的暴民和无处可去的游荡者。他们每周要受两次鞭刑。但是囚犯们也会在这里学会有用的技能——制作羽绒被、使用粗梳毛机、拉丝、纺纱、梳（理羊）毛、编织、络丝等能够赚钱的营生。这样他们在放出来的时候才有机会找到工作。布莱德威尔感化院的工作非常成功，后来又在西敏寺地区和克勒肯维尔建了新的感化院，最远到诺威克都有。

讽刺的是，监狱成了小偷和妓女晚上的避风港，付点小钱他们就能躲过守夜人的巡视。

惩　罚

很多职业罪犯对于英格兰司法系统的条条框框，尤其是各种刑罚，都有着足够的"专业"知识。如果我能骗你让我牵马，然后牵着马溜之大吉的话，惩罚最多也就是 40 先令的罚款和戴上颈手枷示众，但是闯入马厩偷马则会被吊死。

通奸和卖淫之类的轻罪，惩罚是罪犯站在马车上游街示众，脖子上挂上写着他们罪行的牌子，围观的群众会嘲笑他们或者吐口水。卖东西缺斤短两或者贩卖变质货品的通常会被罚戴上足枷一段时间，犯人至少双手自由，可以挡住扔过来的各种东西。更为严重的罪行，一般涉及暴力行为，意味着罪犯要戴上颈手枷示众。戴颈手枷的犯人无法挡住扔过来的东西，很有可能会一只眼睛失明，或者耳朵被钉到木头上，最终被砍掉。还有可能在犯人的面颊、手上或是前额刺青，以提醒诚实的市民提防他们。

谋杀、过失杀人、叛国、当逃兵、施行巫术、强奸和拦路抢劫都会被判死刑。此外，鸡奸、偷盗猎鹰或者把水从池塘里放出来也是死刑。

乞丐们拴在牛车后面被鞭打着驱赶出城

酷　刑

理论上来说，英国人憎恶使用酷刑。但实际上，酷刑被用于逼供涉嫌参与阴谋的人和天主教神父。通常枢密院需要给予伦敦塔里的拷打者书面授权。犯人会被丢进6米深的"深坑"里，顶上有盖，不见天日，就躺在自己的排泄物里。另外一种"舒适间"，犯人既无法站直也无法躺下。拉肢刑具会撕裂韧带，疼痛难忍，而且会导致犯人终身残废。被称为"拾荒女"的刑具是用脚镣手铐等把犯人的头、手和脚紧锁在一起，整个人被团成球，每一块肌肉都在痛苦挣扎想要松开。

处　决

在伦敦处决犯人是一个免费的公众观赏项目，据估计差不多有三分之一的人会去围观。任何人都能告诉你哪里是最佳观赏位置。早点儿去占个好位置，什么也不用带——会有很多小贩贩卖食物饮料。人群里钻来钻去的小偷也很多，所以请把值钱的东西留在住处里安全的地方。

每年会有差不多300起处决，但是并没有公共行刑人。通常屠夫会担任行刑人的角色。除了会有一笔报酬之外，他还可以把绞刑的绳子一截截卖掉，人们认为这绳子有祛病的奇效。绞刑一般都在城西面西敏寺以北通往牛津街的泰伯恩行刑场执行，那儿有一个巨大的绞刑架台，有三根横杆，每根横杆上一次可以最多吊死八个人。从新门监狱到那儿有近5公里，因为一路上都是人，经常得走上几个钟头。死囚一般会坐马车途经曾经是麻风病院的圣吉尔斯教堂，在那里按惯例喝上一大碗麦芽酒。到了泰伯恩行刑场，刽子手会把绳套套在他脖子上，另一端固定在绞刑台上，然后把犯人脚下的平板车拉走，犯人就那么晃来晃去蹬腿直到窒息而死。如果运气好，会有大胆的朋友冲过去扯他的腿以折断他的脖子。

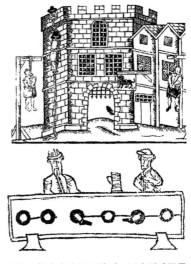

罪犯一般会在城门口受刑，以达到威慑民众的目的

在塔山处死的通常都是有叛国谋反行为的贵族。出于对其身份地位的考虑，通常会处以砍头，让他们死个痛快。否则叛国罪会遭受极其痛苦的死亡：绞刑、剜心和分尸。罪犯会被吊起来，但是行刑者会让他一直保持清醒，然后将其从喉咙到下腹部剖开，把心剜出来，然后把头砍掉，将尸体车裂后拖在木架上游街，最后罪犯的头会被插在伦敦桥上，尸体各部分则被钉在伦敦城的几个城门上。

处死海盗的地点在下游沃平的处决码头，处死后要暴尸几天，再等潮水冲刷三次，以此警告所有的海上来客。被处以火刑的异教徒在泰伯恩行刑场或是城墙外的史密斯菲尔德受刑。运气好的话，可能在火还没烧上身的时候就被烟呛死了。

有时候会在犯罪的地方行刑。1586 年安东尼·巴宾顿和 13

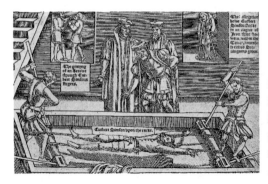

惩罚是公开的项目，而刑讯则不对外公开。拉肢刑具把犯人的四肢拉扯到极限，撕裂韧带，疼痛难忍，使得犯人终身残废

名共犯密谋刺杀（伊丽莎白）女王陛下，在据说是他们会面密谋地点附近的林肯律师学院广场被处以绞刑、剜心和车裂。安东尼·米德尔顿是一个天主教传教士，在克勒肯维尔被抓后关押审讯了九年，最后在克勒肯维尔绿地被处死。

毒杀会让人格外恐慌，因为通常下毒都发生在家庭内，行凶者是怀有恶意的仆人，或者是不正常的妻子、丈夫或是孩子。如果是后者，则会构成轻叛逆罪，这种罪行比普通的谋杀更为严重，因为它威胁到了社会的根基。毒杀会被处以火刑，或是在沸水中烧死。

自杀者会被用木桩捯胸而过，尸体在十字路口示众，之后就埋在那里任路人踩踏，而不能葬进墓地。

犯了死罪的犯人不仅被处死刑，其家产也要充公，留下家人穷困潦倒，一无所有。如果想免于罚没家产，可以选择保持缄默，拒绝承认或否认罪行，这样会被施以"重石压迫刑罚"，即越来越多的巨石（重物）压在犯人身上，直至他无法呼吸，慢慢饥渴而死。

武装部队

英格兰除了女王陛下的卫队以及伦敦塔和沿海要塞的卫戍部队外并无其他的常备军。英格兰境内已经 30 年没有武装暴动了，因此只能去海外寻求作战经验。很多英国人自愿去尼德兰地区或者法国参加新教运动，或是参加打爱尔兰那场几乎是没完没了的战争。如果你有军事背景，或者更好的是，有火炮部队、工程方面或是构筑防御工事上的专长，很多达官贵人会争相和你结识，而且极有可能会盛情款待飨以盛宴。

炮兵部队

伦敦最著名的军事部队是皇家炮兵部队，于 1537 年由亨利八世许可设立。其主要目的是为伦敦民兵团（见下文）提供军官，以服务于伦敦防卫。其成员参加过海外战争以获取作战经验，还参与过对抗西班牙无敌舰队。炮兵部队因此得名"炮兵训练场的绅士们"。训练场指的是他们位于主教门东面的训练场。训练场周围

欢迎来到伦敦。伦敦桥南段的城楼上插满了叛国者的头颅

有围墙以保安全，但是如果你真的有兴趣完全可以进去参观。

伦敦民兵团

伦敦民兵团指的是伦敦的民兵组织。大多数是由伦敦同业公会组织的，分别来自杂货商公会、布商公会、鱼贩公会等。大部分人员是年纪较轻的人，因此多数是学徒期满的工匠和学徒，而非店主。他们定期在芬斯伯里场或是迈尔安德场集合训练，使用长矛或是剑，每年召集一次检阅武器装备。就这两项而言，他们比各郡的民兵组织要好得多，后者将其视为榜样。精锐部队会配备火枪，有多达4000人。他们有时会被召集起来负责维持治安，比如学徒们在公众假日吵闹过头可能引起骚乱的时候。

伦敦民兵团的很多成员对其职责充满热忱。他们看上去精神百倍。但是一天的训练结束，他们习惯溜达到邻近的酒馆喝上一杯，然后回家吃完热乎晚饭，睡到暖洋洋的床上。如果要他们徒步行军，风餐露宿，和训练有素的军队作战，那就是另外一回事了。

> **伦敦都市传说**
>
> 1589年弗朗西斯·德雷克爵士率领的一支舰队归来，船员却并没有如期待的那样满载而归。成百上千的水手和士兵在伦敦上岸，打算去洗劫巴塞罗缪集市。市政官员派了2000名民兵上街把他们吓退。

六 伦敦名人

风云人物 & 伦敦名媛

　　我们这个时代，人们渴望出人头地，蜂拥至伦敦寻找机会。同他们一起来的，还有他们思想独立、不达目的绝不罢休的夫人。你也许并没有机会见到这里谈到的最有影响力的人士，但是斯特兰德街上经常可以看到他们的身影，正要进宫或者刚刚从王宫离开，一般会带着随从——不仅是为了安全着想，更主要的是为了彰显自己的身份地位。这里介绍的这些重要人物，自然是按照其社会地位依次出现。这样演员和剧作家不可避免地就排在了男性等级体系的最后面，但是你肯定会在台上看到他们或是去看一场这些剧作家写的戏——买一张剧场的票就行了，也就只消几个便士。另外那些人，如果你真的见不到真人的话，也会听到伦敦人说起他们。

风云人物

埃芬汉的霍华德勋爵

　　击败无敌舰队的勋爵大人仍旧担任英格兰的舰队司令之职，就如同其祖父和父亲一样。舰队司令是终身职务，查尔斯·霍华

霍华德勋爵是其显赫家族中第三位舰队司令

德身体健康,看来可以长命百岁。六十岁高龄的时候还率军远征加的斯(位于西班牙),击溃了另一支西班牙舰队。他是女王的表亲,嘉德骑士,娶了女王最宠爱的宫廷女官之一、亨斯顿勋爵之女凯瑟琳·凯丽。霍华德终其一生战功显赫,赢得了比他更为出色的海上英雄的尊重和忠诚,尤其是不朽的英雄、已故的弗朗西斯·德雷克爵士。

罗伯特·塞西尔

他的并非完美的身躯中藏着一个充实的头脑……坐在椅子里的他显得既可亲又充满威严,似乎造物主已经意识到他是一个多么出色的大臣,不再需要拥有普通人类的美。

——亨利·沃顿爵士

罗伯特·塞西尔继承了其父伯利勋爵(已故)的地位,成为女王陛下的密友和最为看重的大臣——在这一点上他实至名归。尽管他自出生即有残疾,驼背,个子矮小,但他得到家庭悉心培养,精通为政之道,21岁就成为议会议员,不到30岁就进入

SOLE

图 1：这幅"彩虹肖像"现存于哈特菲尔德宫——女王陛下最亲密的朝臣塞西尔家族的宅邸。Non Sine Sole Iris（没有太阳就没有彩虹）——指的是女王右手所持的暴风雨的象征物，象征着冲突之后的平静

图 2（下页图）：《女王在去往黑衣修士区富裕住宅参加一个上层社会婚礼的途中》。女王看似是乘轿，其实是乘坐一驾遮挡起来的双轮车，后面的王室卫士（身着红衣）在推车

图3（上图）：四名绅士在玩普利麦罗（一种女王陛下喜欢的纸牌游戏）。西班牙、法国和意大利都是使用40张牌，拿掉了8s、9s和10s，每张牌的点数价值和牌面价值不同。既然到了英格兰，那么规则就改变了……

图4（左图）：罗伯特·德弗罗，第二代埃塞克斯伯爵。创作于1596年，这一年他因突袭西班牙加的斯港成为民族英雄

图5（右图）：沃尔特·雷利爵士和他同样名为沃尔特的长子。曾一度被摒弃于宫廷之外的雷利爵士再次成为女王的宠臣

图 6（下图）：利巴姆则爵士一家享用餐后甜点——摆在银质盘子里的水果和坚果，鹦鹉从餐桌上方的栖枝上飞下，一同吃起来

图 7（右上图）：约翰·巴尼斯特向理发师－外科医师公会的成员讲解解剖学。他和四个同事都戴着用于保护的白色袖套。公会会员必须参加这些培训。这里显示获准使用的教材是 1562 年出版于巴黎的雷尔多·科隆坡的著作《解剖学》（*De Re Anatomica*），科隆坡承袭了伟大的维萨里的衣钵

图 8（右下图）：濯足节小型画。一组九幅描绘女王工作的微型画之一。佛兰芒画家莱维娜·特林克是英格兰微型画创作的先驱，并且成为女王宫廷的皇室女官

图 9：家居生活。朝臣、外交官亨利·翁东爵士位于伯克郡沃德利的宅邸。亨利爵士位于宅邸的上层，在一间有两百多册藏书的图书室里，独自一人，充满学者气息。下面左侧他和朋友们在弹奏六弦琴。主图展示的是宴会场景，餐后众人正在观看一出配乐假面剧

图 10：圣保罗十字堂。伦敦最为著名的布道坛上是一位主教。注意穿红袍的市长大人（二层拱廊）和他的护剑官。圣保罗大教堂的唱诗班在拱廊顶上。参加布道的人几乎是清一色的男性。这次布道是为维修大教堂筹款，布道词印刷出来足有 51 页

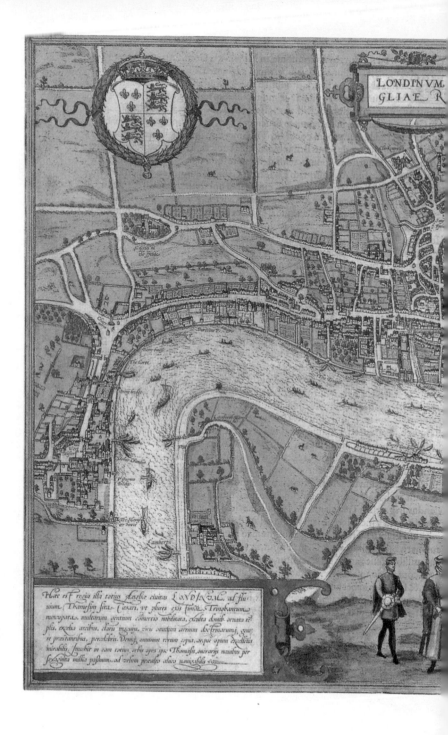

图 11：这幅伦敦和威斯敏斯特的地图由弗朗斯·霍根伯格和乔治·霍夫纳格尔绘制。
描绘的是 1558 年女王登基前后的都会伦敦。上半部分把伦敦描绘成"物产丰饶之地"。
泰晤士河里船只穿梭不断，但是南岸大部分还是乡村

图 12：威斯敏斯特，王权的中心。建筑物的混乱彰显着这一地区是一块块建成的，毫无整体规划。议会召开的时候议员都集中在图中间的高楼里。右侧是西敏寺，英国王室加冕仪式举行的地方

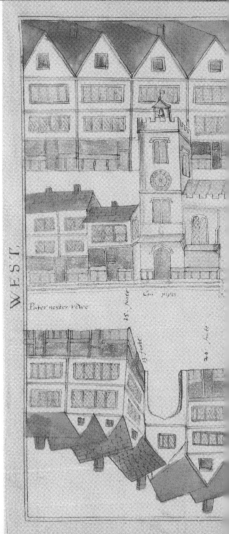

图 14：切普赛德街，也叫西市街，沿街的店铺一间紧挨着一间，店主住在店铺楼上。教堂名为玉米地里的圣米迦勒堂，因为旁边挨着一个玉米集市。注意那些水管，把水接到教堂背后的小水房，这里排满了等着接水的送水工的水罐

图 13：船工载着几个游客去泰晤士河南岸的
河畔娱乐区。船费是法律规定的标准，但如果
不想湿漉漉地上岸最好给点小费

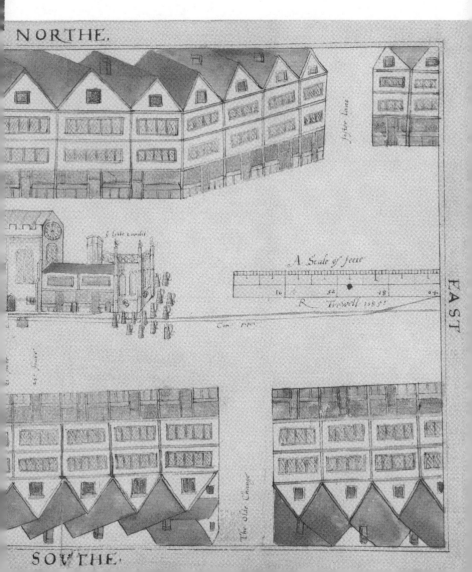

图 15：无双宫在萨里郡的奇姆，亨利八世时开始建造，但直到十年后在他去世后才由阿伦德尔伯爵最终完工。1592 年无双宫被归还给女王，后用于狩猎和消遣娱乐

图 16：里士满宫，位于伦敦的上游，现在的宫殿是女王的祖父亨利七世建造的。以其鹿园闻名。注意前景中的莫里斯舞者和他们的"道具马"——马车上穿着时髦的观众在给教练小费以欣赏表演

枢密院。塞西尔是兰开斯特公爵领地大臣，手里掌握着数之不尽的政治资源。作为首席国务大臣，他左右着英格兰王国的对外政策。王室监护法院主事官的职务使其执掌着政府中获利最为丰厚的职位。在全心全意辅佐女王陛下的同时，塞西尔有着广泛的

女王陛下的左膀右臂——罗伯特·塞西尔承继其父，成为女王陛下最为亲近的顾问

爱好，逐渐从欧洲各地收藏了一大批绘画作品。他家财万贯，同时也树敌无数，不过目前来看，还无人能撼动他的地位。

埃塞克斯伯爵罗伯特·德弗罗

　　他是女王的宠臣也是她的表亲，是女王陛下的宠臣、已故的兰开斯特公爵罗伯特·达德利的养子，孩提时代是伯利勋爵的受监护人。埃塞克斯伯爵聪颖过人，10岁即进入剑桥学习。19岁时参加了聚特芬战役。此次战役中他的表亲、被誉为英伦骑士之花的菲利普·西德尼爵士遇难。埃塞克斯因战

> **伦敦都市传说**
>
> 舰队司令心系普通水手，建立了为生活困难的老兵服务的查塔姆基金会，此举一直为世人所铭记。他也是"舰队司令剧团"的赞助人，剧团的顶梁柱是爱德华·艾伦。

场上的英勇表现被封为方旗骑士，带着西德尼的佩剑回到英国。第二年女王任命其为御马管家，次年封其为嘉德骑

看在上帝的份上，应该把他拖下去，好好教教他守规矩！
——伊丽莎白一世对埃塞克斯伯爵的评价

士，按照女王一贯对于奖励和称号的吝啬，这显然是非同一般的表现。她甚至宽恕了他和西德尼爵士的遗孀背着她结婚的行径。

埃塞克斯伯爵仪表堂堂，魅力十足，挥霍无度，举止傲慢，脾气暴躁。雷利爵士是个难以对付的竞争对手，塞西尔则是他的死敌。埃塞克斯伯爵下令让其部下登陆加的斯并且洗劫了城市，这一举动让他名利双收，但却是直接违抗了他的上级埃芬汉的霍华德勋爵的命令。他在亚速尔海峡俘获西班牙珍宝船队的尝试以惨败告终。尽管如此，他却被任命为英格兰王室典礼官和剑桥大学名誉校长。他还被指派率领一支人数众多、装备精良的远征军进军爱尔兰。很多远比他优秀的将军都在爱尔兰栽了跟头，现在也有很多人等着看他栽跟头了。

沃尔特·雷利爵士

我们的人生是什么？是一出充满激情的戏剧，
我们的欢乐是一曲充满分歧的音乐，
我们母亲的子宫是令人疲惫的房子。
我们在其中穿戴整齐准备迎接这场短暂的喜剧，

上天是明智审慎、思维敏锐的观察者，

坐在那里观看并且记录谁做错了事情，

我们的坟墓帮我们遮蔽寻觅的阳光，

就如同戏剧终场落下的帷幕，

就这样我们前进到旅途最终的栖息地，

我们就真的死了，

这可不是玩笑。

——沃尔特·雷利爵士

　　沃尔特·雷利爵士似乎并非一个人，而是集士兵、水手、探险家、议员、历史学家和诗人种种身份于一身。他自称罗利（Rawley），拼写的时候用雷利（Ralegh）。其他人拼写作 Raleigh，然后喊他 Rally。你能想象吗！

　　年仅 15 岁时，他自愿去法国参加新教运动的战斗。在牛津待了一段时间之后，他与同父异母的兄弟汉弗里·吉尔伯特爵士一起远征西班牙。后来又参加了在爱尔兰的战争。1583 年到 1589 年，雷利耗资四万英镑六次远征北美洲试图建立英国殖民地，全部以失败告终。部

雷利爵士画像上的地图背景强调了他对于开拓殖民地的热情

分原因可能是因为女王过于宠爱他，这些远征一次都没有让他参加。雷利寻找传说中的黄金城的私人探险也是无果而回。尽管如此，他在对加的斯的劫掠中的主导角色却让他重新赢得了宫廷的青睐。很奇怪，这样一个具有文化素养、温文尔雅的人，竟然一直没有——可能都没有想试过——摆脱浓重的德文郡乡绅口音。他的对手也承认他拥有杰出的语言天赋，精通多种语言——英语除外。雷利才思敏捷，但是却经常会恃才傲物。女王陛下很享受有他陪伴左右，但是，尽管他担任女王陛下的卫队队长，也承担过一些外交任务，女王却从未放心让他担任过内政职务。

霍雷肖·帕拉维西诺爵士

只要有利可图的地方，你肯定就能见到霍雷肖·帕拉维西诺爵士，托马斯·格雷欣爵士死后他就成了伦敦最为举足轻重的金融家。他出生于热那亚，通晓六种语言，本来可以在其中任何一个国家赚得盆满钵满，但他却选择加入英国国籍，并且皈依了新教。没有帕拉维西诺爵士搞不定的事情——为鉴赏家购买外国绘画和雕塑作品，为西班牙战俘谈妥赎金，召集军队入侵法国。他曾经借给女王29000英镑，单单利息就收回了41000英镑。饥荒时期他肆无忌惮地囤积粮食，使得穷人的生活更加雪上加霜。他甚至曾经试图垄断世界胡椒供给。帕拉维西诺爵士在三个国家买了总共8000英亩地，据说价值10万英镑。他为人冷漠，精于算计，性情残忍，令人嫌恶，他和塞西尔家族很亲近，而和埃塞克斯势如水火。

约翰·哈灵顿爵士

女王的一百余个教子之中，约翰·哈灵顿爵士是最为受宠的一个，这要归功于其父的忠心，"不论困境抑或奴役之中都会爱我们，为我们服务"。当女王陛下尚是伊丽莎白公主的时候，被囚于伦敦塔中，老约翰·哈灵顿将她外面的朋友的信带给她，并且因此被罚 1000 英镑。女王一直对他的奉献铭记于心，但是年轻的约翰爵士却总是挑战她的忍耐力。他因翻译并在宫廷女官中传播一个意大利的色情故事而被放逐到其位于巴斯附近的宅邸。自此之后哈灵顿就一直在赦免—驱逐—再赦免—再驱逐中打转。

> ### 伦敦生活
>
> 约翰·哈灵顿爵士被流放到乡下的时候，独出心裁发明了抽水马桶，把室外的厕所移到了寝室里，但却——据他声称——不会有随之而来的臭味。女王陛下最近下旨，里士满宫里要安装一个这样的抽水马桶。

> 我无法从记忆中擦去女王陛下对我的友善……童年时她对我的爱护……她对我微不足道的学识的欣赏……而这些学问我都是在她的命令之下学会的。
>
> ——约翰·哈灵顿爵士

约翰·迪伊博士

迪伊博士非常神秘，据传他会使用黑魔法。十几年前他位于西敏寺上游摩特雷克的房子被一群暴民放火烧掉了，那些人害怕他是魔法师或是巫师。这让他损失了很多珍贵的手稿、珍本图书和做实验的仪器。毋庸置疑，迪伊精通毒药、密码、炼金术以及其他种种服务于国家机密的技能。女王登基加冕的日子就是迪伊选定的，据说是非常吉利的日子。林肯律师学院发现一个女王的蜡人，胸口插着钉子，于是迪伊被召唤入宫。

亨利八世在 1546 年创建剑桥圣三一学院时，迪伊是第一批被任命的讲师，那时候他还未满二十岁。他后来在鲁汶和布拉格都学习过，在巴黎讲学，被当时欧洲最优秀的学者视为同道中人。约翰·史铎、威廉·卡姆登、理查德·哈克里特都以成为他的朋友为荣。所有的船长——弗罗比舍、吉尔伯特、德雷克和雷利——都就火炮技术和航海技术向他求教专业意见。迪伊不是那种待在家里的学者，他在安特卫普、威尼斯、洛林、波西米亚、匈牙利、波兰等地都住过，最远到过圣赫勒拿岛。他从五十岁开始生了十一个孩子。现已七十多岁的迪伊博士，虽然胡子雪白，却仍旧身材挺拔、又高又瘦、面容俊美。他著述颇丰却鲜有出版，但却为我们缔造了一个新的词语——"大英帝国"。

掌握各种魔法的大师约翰·迪伊博士，女王的法师

威廉姆·伯德

威廉姆·伯德是一个虔诚的天主教徒，却仍旧是皇家礼拜堂最受欢迎的音乐家。他杰出的作曲作品和出色的演出使其免于宗教迫害。伯德擅长所有类型的音乐，从宗教音乐到世俗音乐，声乐到器乐，他写过十多首独唱和维奥尔琴的曲目，一百余首魏吉纳羽管键琴曲目。尽管信奉天主教，他仍旧为英格兰圣公会的礼拜仪式创作了无法超越的礼拜曲和赞美诗——可能还有三部拉丁文的弥撒曲，据说是秘密印刷出版的。伯德过着体面的绅士生活，住在埃塞克斯斯通登梅西村子里的庄园宅邸，靠近布伦特伍德，从伦敦往东骑马需要一天。生活上的闲适要归功于女王陛下的青眼有加。女王授予伯德和他的老师托马斯·塔利斯（已故）音乐乐谱印刷的专有权长达二十余年，他们从中获利颇丰。伯德享誉欧洲，被视为英格兰有史以来最为杰出的音乐家。

尼古拉斯·希利亚德

希利亚德画笔下的一只手、一只眼睛，就抵得上二流画家创作的整部历史。

——约翰·多恩

希利亚德是女王的金匠和宫廷画师，以其高超的微型肖像画技巧而闻名。很多微型肖像画都镶嵌在他自己设计的镶有珠宝的

尼古拉斯·希利亚德自画像，据记载，他说："英格兰拥有比其他地方更多的美女。"

他的技艺高超，声名远播海外。
——约翰·鲍德温，1591 年

精致画框中。画作本身画在犊皮纸上，下面贴的是用纸牌剪出的纸片。

女王陛下的国玺也是他负责设计并监督制造的。希利亚德还创作了这一领域具有开创意义的著作《线描艺术》（ *Treatise Concerning the Art of Limning* ）。除了为女王绘制肖像，他还为西德尼、雷利、德雷克和女王御前很多人画过肖像画。其他画家的肖像画表现雷同，而希利亚德则能捕捉到不同人的特点。

埃德蒙·斯宾塞

在德尔菲神庙，有人提出了疑问，
按照神谕所示，必须说出来，
哪一位诗人是最著名的：
不论是依然在世，还是已经去世了的，
诸神给出了神迹暗示，
斯宾塞永存于世，这是毫无疑问的。
——弗朗西斯·博蒙特《论著名诗人埃德蒙·斯宾塞先生》
（ On Mr. Edm. Spenser, Famous Poet ）

　　埃德蒙·斯宾塞还没有去剑桥上学之前就已经动手把拉丁语、法语和德语诗歌翻译成英语了。他是伦敦一个商人的儿子，在伦敦商人男子学校接受了教育。他的第一部主要著作《牧人月历》（*The Shepherd's Calendar*）是他在故莱斯特伯爵家做门客的时候创作的，献给已故的菲利普·西德尼爵士。诗作分 12 部分，每一部分有独立的韵格，这首诗使他声名鹊起，成为当时最为出色的诗人。斯宾塞在爱尔兰殖民政府中工作了差不多 20 年，但这份乏味的工作并未妨碍他完成他的代表作《仙后》。这是一部歌颂女王陛下的讽喻传奇诗作，他因此作品获得了 50 英镑的皇家年薪。他的确需要这笔钱，因为爱尔兰起义军烧毁了他的城堡，抢劫了他的宅邸，他只得回到伦敦，一贫如洗。他的损失中包括不少未发布的诗作——这也是所有热爱英语语言的人的损失。尽管他和雷利一直是好朋友，他也同时拥有埃塞克斯的喜爱和尊重。

理查德·哈克里特

很多有用的篇幅不长的航海报告，之前都是零散出现，如单只的舰船，哈克里特先生将其集中起来，如同舰队一般规模宏大，分成三个中队，有好几卷之多；这部作品是英格兰的荣耀，美洲大陆很多的港口和岛屿，非常原始，荒凉贫瘠，仅仅只有个名字罢了，但将来却有可能大有可为。

——托马斯·富勒《英格兰名人传》

身为英国国教牧师的理查德·哈克里特使自己成为英格兰在旅行和考察探险方面最有发言权的权威人士。二十几岁时他就成为第一个在牛津大学开设地理学系列讲座的人。他出版的第一部著作《有关发现美洲的几次航行》（*Divers Voyages to America*）记录了女王陛下对于新发现的土地的所有权。

作为英国驻巴黎使馆的牧师，几乎可以肯定哈克里特是故弗朗西斯·沃尔辛厄姆爵士间谍组织的一员。哈克里特最为著名的作品《英国主要航海、航行、交通和地理发现》（*The Principal Navigations, Voyages, Traffiques and Discoveries of the English Nation*）的第一卷就是献给沃尔辛厄姆的。第二卷是献给埃芬汉的霍华德勋爵。哈克里特是迪伊博士的门徒，也是雷利在海外建立英国殖民地主张的坚定支持者。哈克里特并不热衷于学习，却在留住他人的记忆方面显示出充分的热忱，记载下布里斯托和圣马洛的船长的经历，西班牙囚犯的故事，一直远航到佛罗里达的商船的大副，他甚至记载了葡萄牙篡位者的故事。哈克里特主张英格兰必须坚决向外扩张，否则就会走下坡路。

爱德华·艾伦

艾伦20岁就已经登台演出了，25岁时就已经跻身当时四大演员之一，以对舞台出色的掌控能力和威严深沉的嗓音著称。他靠饰演克里斯托弗·马洛的《马耳他岛的犹太人》《帖木儿大帝》和《浮士德博士的悲剧》中的主角出名；娶了玫瑰剧院的老板菲利普·亨斯洛的女儿，赚到了身家。他的岳父在各种赚钱的营生中都能分一杯羹，艾伦则和他不同，虽然精于算计，却更为友善诚实。两个人靠斗熊表演和房地产投资赚得盆满钵满，艾伦甚至可能已经开始考虑退出舞台了。如果你有空，或者只要你有空，赶紧看吧。[1]

> 他［艾伦］是我们这个时代的罗西乌斯[1]，他的演出如此栩栩如生，以至于他塑造的每一个角色（尤其是庄严的角色），都成了他自己。
>
> ——托马斯·富勒《英格兰名人传》

理查德·伯比奇

要是说真的有人能和艾伦竞争的话，那非理查德·伯比奇莫属了。他是伦敦第一个专为演出修建的剧场——肖迪奇剧场的老板之子。伯比奇登台首秀时还是个小孩子。1594年圣诞节，女王陛下召伯比奇和莎士比亚到格林尼治在她驾前演出。两人自此之后就交往甚多，经常在女王陛下御前演出。和艾伦不同的是，伯比奇个子很矮，粗壮结实，但他演起悲剧来却非常出色，以理查三世一角而闻名。毫不夸张地说，伦敦任何新戏首演，没有哪个编剧不想把伯比奇收入首演阵容（如果可能的话）。少见的是，伯比奇在一个领域这么出色，在另一个领域也同样大放异彩，他还是一个才华出众的画家。

---

1 古罗马家喻户晓的喜剧演员。——译者注

威廉·莎士比亚

我现在嬉戏颂扬的这人（这个好威廉），

有人说，

你在玩耍中不是扮演过大王的角色吗？

你毕竟曾给国王当过伙伴，

在卑贱之辈中也称过王。

有些人怨声载道，就由他们去吧，

你从不发牢骚，是个至高无上的大材。

——约翰·戴维斯《愚蠢的代价》

据说威廉·莎士比亚的出名无迹可寻。他在只有1500人左右的繁华小镇埃文河畔斯特拉福德出生、成长并接受教育。他的父亲实质上相当于当地的市长（虽然并不这么叫）。莎士比亚在离开家乡和到达伦敦之间的七八年时间是一段神秘的空白。

他当时会不会是某位大人物的门客呢？是不是去过尼德兰和西班牙人作战？他似乎对意大利情有独钟——是不是去了意大利呢？他人生第一次登台是不是在某个巡回剧团跑龙套呢？到底事实如何，无人知道。

有关莎士比亚在伦敦的第一个记录出现在罗伯特·格林1592年临终前写的小册子里。格林将其称为"暴发户乌鸦"，至少证明莎士比亚大人当时在伦敦剧院同仁中没花多少时间即显露头角。莎士比亚自那时起花钱为其父买了世袭乡绅身份的事，格林会怎么说，就只能靠想象了。

威廉·莎士比亚到伦敦短短几年就证明了自己是一个优秀的

演员、成功的诗人、著作
颇丰的剧作家和崭露头角
的商人，已经是埃文河畔
斯特拉福德第二大宅邸的
主人。在伦敦他已经从主
教门的圣海伦教区搬到了
南华克，离新开张的环球
剧院更近，他算是那里的
半个老板。

莎士比亚在离开斯特拉福德和出现在伦敦之间的七八年做了什么呢？

虽然并非什么大学者，莎士比亚对于创造舞台上吸引人的魅力却具有非比寻常的天赋。他已经塑造了《理查三世》中著名的恶棍，《亨利五世》中光彩夺目的英雄，《仲夏夜之梦》中充满想象力的仙子，《罗密欧与朱丽叶》中令人难以忘怀的宿命情侣。这对于一个十几年前据说还在剧场门口替人牵马而根本买不起剧场股份的人来说是非常了不起的。毫无疑问，我们还会继续不停听到河畔诗人莎士比亚大人的消息。

本·琼生

本·琼生从事过很多营生，其中一些颇为危险。尽管他曾经在西敏公学学习，师从著名的古文物收藏家威廉·卡姆登，却也当过砌砖工，志愿参加过佛兰德斯的战争，并在一次单打独斗中

本·琼生无可否认的才华得益于他混乱的生活方式

杀死了一个西班牙拥护者。琼生起初参加巡回剧团的演出，很快就开始写剧本，并因"包含恶劣的反政府的、恶意诽谤成分的"讽刺剧《狗岛》（*The Isle of Dogs*）而入狱。琼生还在一次决斗中杀死了一起演戏的加布里埃尔·斯宾塞（尽管他手里的剑短得多），最终落得脸上被刺"重犯"，逃脱了绞刑。他第一部主要剧本《人人高兴》（*Every Man in his Humour*）把他一直倾慕的莎士比亚纳入卡司之中。当时的其他剧作家他几乎没有看得上的。莎士比亚投桃报李，对琼生的喜爱和尊重予以回报，据说《皆大欢喜》（*As You Like It*）里的杰克斯就是以琼生为蓝本。

琼生自己作为剧作家比演员表现出色得多。他总是邋里邋遢，满脸麻子，还长了肉瘤，胡子乱七八糟，走起路来笨拙难看，原本苗条的身材已经开始大腹便便。琼生经常醉醺醺的，穷到只能靠面包和豆子度日的情况也并不少见。他的生活总是岌岌可危，没人说得出他将来会怎样。他既有可能成为宫廷的宠儿，也可能溺毙于阴沟里。

伦敦名媛

什鲁斯伯里伯爵夫人伊丽莎白·哈德威客，人称哈德威客的贝丝，现在从德比郡南下来到伦敦，只是为了和她的律师商讨事情。她年轻未嫁还是公主的时候曾是女王的密友。她一生嫁了四任丈夫，又四次守寡，这位令人敬畏的老妇据说是除了女王之外英格兰最富有的女人。她建完查兹沃斯大宅之后，又开始修建一座更为宏伟的宅子，哈德威客厅。这所新宅与其说是石头造的，还不如说是玻璃建的。她现在的终生目标就是确保她和第二任丈夫威廉·卡文迪什爵士所生的六个孩子的利益，因此她开始了通过法律途径对其继子吉尔伯特·塔尔博特无休无止的复仇，后者是她最后一任丈夫什鲁斯伯里伯爵的儿子，并且娶了她和卡文迪什的一个女儿。

伊丽莎白·哈顿夫人是伯利勋爵的孙女，年纪很小就嫁给了女王陛下著名的"跳舞大臣"克里斯托弗·哈顿的侄子兼继承人。她20岁就成了富有的寡妇，继承了位于霍本的哈顿大宅。后来她嫁给

伦敦都市传说

1591年，贝丝离开她在德比郡的庄园去了她在切尔西的宅邸，她以那里为基地，几次扫荡伦敦零售市场，大肆采购布置她的哈德威客厅。她最贵重的战利品都是餐具，包括镀金烛台、银质碗碟、调味瓶、茶杯、单柄大酒杯以及盛放糖和盐的专用器具。其他的大笔开销主要是织物，包括46码丝绒、40码缎子、50码锦缎和75码用作衬料的亚麻布。她买的最贵的东西是17块挂毯，上面绣的是基甸的圣经故事。这些挂毯最初是为克里斯托弗·哈顿爵士织造的，价值326英镑。伯爵夫人短短几周的账单就达800英镑，比一个学校校长50年的薪酬都要高。

了才智过人的律师、首席检察官爱德华·库克，却没有改用他的姓氏。他们的第二个女儿出生之后，她甚至拒绝和他同住，举办宴会也禁止他进入。

霍华德夫人凯瑟琳是女王表亲亨斯顿勋爵的女儿，海军大臣诺丁汉伯爵的妻子。自从女王登基之后，她就一直是女王的宫廷女官之一。

彭布罗克伯爵夫人玛丽·赫伯特是已故的菲利普·西德尼爵士的妹妹，也是很多诗人的赞助人，其中最有名的是埃德蒙·斯宾塞。她自己则翻译过《诗篇》和一部法国悲剧《安东尼》（*Antonius*）。

贝德福德伯爵夫人露西，14岁就嫁给了三世伯爵。尽管她美貌出众，但是在宫廷里却还未引人注目。她是菲利普·西德尼爵士的远亲，碰巧和他一样有着对诗歌的敏感。她接受了良好的教育，会说法语、意大利语和西班牙语。她是迈克尔·德雷顿和约翰·多恩等诗人的赞助人。

幸运的露西。美貌出众、聪慧过人的贝德福德伯爵夫人以挥霍无度而著称，不过幸运的是，她也非常有钱

诺森伯兰伯爵夫人多萝西·珀西是埃塞克斯伯爵的姐姐。18岁时她和托马斯·佩罗特爵士私奔，并由两个人武装守住教堂的门口以防干扰，就这样结了婚。佩罗特死后，她

嫁给了诺森伯兰伯爵九世，但并不和他一起生活，大部分时间都住在斯特兰德的埃塞克斯大宅。

雷利夫人伊丽莎白 19 岁成为女王的宫廷女官，25 岁时和雷利爵士秘密结婚。他们的儿子在她兄弟亚瑟·思罗克莫顿位于米尔安德的房子里秘密出生。女王陛下发现了这桩婚事之后，把夫妻俩都送进了伦敦塔。尽管女王四个月后后悔了——也许是因为孩子的夭折，但她始终没有宽恕雷利夫人的欺骗，因此雷利夫人再也没有被宫廷接纳。后来她大部分时间住在多塞特，偶尔造访伦敦，后来生了另一个儿子沃尔特。

玛格丽特·拉特克利夫是女王的宫廷女官，她今年得知其兄弟亚历山大死在爱尔兰之后，悲痛伤心，绝食而亡。她的葬礼在西敏寺教堂举行，本·琼生为她写了墓志铭，并为她失去了两个孩子的父亲作诗一首以为慰藉。

佩涅洛佩·里契，埃塞克斯伯爵的姐妹，金发，黑色眼睛，本来是菲利普·西德尼爵士选定的爱人，最终却嫁给了年老丑陋但是非常富有的里契勋爵（姓 Rich 可真是名副其实）。很久以前他做假证送掉了托马斯·莫尔爵士的命。西德尼对于佩涅洛佩的爱依然炽热，他写了很多十四行诗献给叫"斯特拉"的女子（实际即是佩涅洛佩）。西德尼死后，她做了风度翩翩的军人蒙乔伊勋爵查尔斯·布朗特的情妇。她和里契生了六个孩子，和蒙乔伊又生了六个孩子。

安妮·拉塞尔，女王陛下的宫廷女官，虽然两年前曾因和埃塞克斯伯爵调情被短暂驱逐出宫廷，但是仍然非常受女王的宠爱。她和切普斯托勋爵赫伯特订了婚，女王陛下承诺会携一众女官亲自出席婚礼。

南安普顿伯爵夫人伊丽莎白·雷斯利是埃塞克斯伯爵的堂姐妹，女王的宫廷女官。她和南安普顿伯爵珠胎暗结，秘密结婚，伯爵还因此被送进了伦敦塔一小段时间。伯爵在伦敦塔里的时候，她逃到了佩涅洛佩·里契家里生下了孩子，并起名佩涅洛佩。

拉塞尔夫人伊丽莎白是另一个爱打官司的年迈夫人，喜欢摆布儿孙的生活。她和第一任丈夫育有二子，其中一个是一个遗腹子。虽然和第二任丈夫结婚的时候她已经46岁，仍旧生了两个女儿。第一个孩子贝丝，是女王的教子；第二个孩子安妮，后来嫁给了赫伯特勋爵。虽然拉塞尔夫人大部分时间都生活在乡下，但她在黑衣修士桥附近有一座宅邸。作为主要请愿人之一，她成功阻止了詹姆斯·伯比奇把他本地的排练室变成公开开放的剧院。她激烈抨击她的侄子罗伯特·塞西尔，为她的很多门生请愿，但罗伯特并未加以理会。她和舰队司令霍华德勋爵有关唐宁顿城堡监管权的法律纠纷方面寻求支持的努力也同样徒劳无功，女王把城堡赐给她是侵犯了他的权利。

七　名胜攻略

伦敦桥 & 伦敦塔 & 伦敦石 & 皇家交易所
& 市政厅 & 圣保罗大教堂 & 萨默塞特宫
& 白厅 & 圣詹姆士宫 & 西敏寺 & 西敏厅
& 泰晤士河

无论你因何事到访伦敦，都应该抽出时间来去逛一逛那些伦敦人习以为常的主要景点。如果你是从南边进城，那就会通过伦敦桥——这是唯一一座连接北岸伦敦城主要部分和南岸南华克城郊部分的桥。如果你的兴趣在于英国宫廷，那应该向北去白厅和圣詹姆士教堂的宫殿群，但是你需要知道枢密院经常在萨默塞特宫集会。如果你是来做生意的，那皇家交易所就是中心区，不过你要记住，伦敦市政厅是行政中心，主要的法庭则在西敏厅。周日做礼拜可以选择去西敏寺、圣保罗大教堂或是其他百余个牧区教堂；不过想听最好的布道就要去圣保罗大教堂了。你应该至少留出半天的时间给伦敦塔——其他地方依兴趣而定。以下清单，伦敦桥之后是由东向西顺序排列的。

> *大维：我希望在我死前能到伦敦去见识一次。*
>
> ——威廉·莎士比亚《亨利四世（下）》
> 第五幕第三景

伦敦桥

伦敦桥是欧洲的奇迹之一，建成于四个世纪之前。沿

伦敦都市传说

史铎曾记录，1536年，在织工威廉·休伊特伦敦桥附近的家中，一个女仆抱着他的小女婴安妮在窗边玩，结果孩子不小心掉进了河里。他的学徒爱德华·奥斯本跳进河里把孩子救了上来。等安妮到了谈婚论嫁的年纪，已经非常有钱的休伊特拒绝了所有求婚者，唯独把女儿许给了奥斯本，还送上了丰厚的嫁妆。休伊特和奥斯本后来都当了伦敦市市长。

桥有一百多座房子和商店，其中甚至曾经有一个小教堂。石头和灌木丛堆积组成的挡水桩对石拱起保护作用。这可以使桥拱之间的空隙缩窄，每一次退潮时都会产生危险的湍流。年轻人——往往脑筋也不那么灵光——喜欢坐着船迎击激流，结果可能是致命的。请一定小心。

过桥可能也会是个挑战。除非你雇好了当地已经走熟了这条路的马，否则强烈建议你牵马过桥，而不要骑马在熙熙攘攘的运货马车、买东西的人、闲逛的人、乞丐、羊、牛和野狗中间穿行。不管是骑马还是步行，请一律靠左，就和在宽阔的公路上走一样。

伦敦桥：聪明人桥上过，傻瓜桥底行。

——伦敦谚语

无双楼在靠桥的南端第七拱和第八拱之间，两边凸出俯瞰水面。这座木建筑杰作有四层、穹顶、三角墙、回廊和塔楼都布满雕刻并镀了金，让参观者大为惊叹。整栋房子在荷兰一部分一部分做好，然后装船运过来，再用木楔组装起来，整个建筑没有一根钉子。桥南端挂着叛国者的头颅，通常有二三十个，插在木桩上。只有贵族和身份显

教堂尖顶林立的伦敦，伦敦桥两侧分别是水上的圣玛丽教堂和莎士比亚教堂。无双楼在本画的中间位置

赫的人才能享有这种"殊荣"，而且，令人称奇的是，一些大贵族事实上以祖先享有如此"殊荣"而得意非常，到处吹嘘。这证明他们血统高贵，有可能染指王位继承权，因此才有了觊觎王位之心。

伦敦塔

> 非常有名、外观漂亮的城堡，周围是厚重坚固的围墙，遍布高耸的雄伟的塔楼，外面是一圈又深又宽的壕沟，配备有一个武器库，装备精良可以打硬仗，除此之外还有其他的建筑；足以媲美一座大的市镇。
>
> ——威廉·卡姆登《不列颠志》，1586 年

伦敦塔是那种你参观起来会觉得非常着迷的地方，也是参观

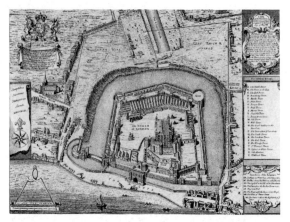

女王的王宫和城堡
伦敦塔。女王曾一
度被囚于塔中。现
在她在此处理政
务，但不住在这里

结束后很庆幸自己能离开的地方。伦敦塔在伦敦桥的东边，一方
面是为了伦敦桥的防卫，另一方面是为了占据东部城区的制高
点。名为"伦敦塔"其实是一种误导，因为事实上总共包括二十
个"塔"而非一个。中心是一个名为白塔的高耸的主楼，周围是
两圈围墙，其中分布着其他功能各异的塔，有作为防御工事的，
有作储藏之用的，还有的是监狱。伦敦人会告诉你伦敦塔是恺撒
建的，但史铎非常肯定伦敦塔的建造者是征服者威廉一世。

史铎还总结了伦敦塔的各种用途：

> 伦敦塔是……为了防卫也是为了控制伦敦城：用于召
> 集会议和商讨条约的皇家场所；关押最为危险的罪犯
> 的监狱；目前全英格兰唯一的造币所；拥有足以应对
> 战争的武器库；存放王冠等珠宝首饰的宝库；保存西
> 敏厅王座法庭所有记录的档案库。

伦敦塔观光

守备部队的士兵安排伦敦塔的常规参观游览。在武器库你可以亲手摸到货真价实的亨利八世的头盔、盾牌、盔甲和权杖。这足以证明他确实是一个巨人。通常要给管理盔甲的人3先令小费。另一个房间摆满了弓和箭，还有一个房间存放的则是长矛和马镫（第三笔小费）。火器室有一支有七根枪管的枪（也要付小费）。你会被告知除了国王使用的或是遵照国王命令制造出来的武器，其他都是从英格兰的敌人那里缴获的。

在餐厅和警卫室后面可以看到地牢和里面的刑架，以及其他各种吓人的刑具。对于许多可怜的家伙来说，

伦敦塔内展示的一套精良的骑马比武的盔甲

只消给他们看看那些拇指夹、夹子、通条，剩下的情节他们自然会通过想象补充完整，因此什么罪行或是阴谋他们都会招认。毫无疑问，大部分来这儿的人确实是有罪的——但是确实也有无辜的人，因为被吓坏了，说谎认罪送了命——英格兰耶稣会士和很多善良的天主教人士，其唯一的罪过就是在信仰和祖国之间左右为难。但是任何企图对女王不利的行为都会被施以最严苛的惩罚。

当你步入下一组房间的时候，就进入了另一个世界——女王陛下开会的房间，华丽的挂毯、缀满珍珠和各种宝石的软垫让参观者目眩神迷。再接下来一个房间据说有一张超过 500 年历史的挂毯（第五笔小费）。

伦敦都市传说

一些在伦敦塔造币所工作的德国人因为工作时吸入了熔化金属释放出的有毒废气而病倒了。医生建议他们试试用死人头骨喝水，可能能治好病。因此负责造币所的高级市政官从议会申请了许可，用伦敦桥上悬挂的一些头骨做成了杯子——"他们用这些杯子喝水，寻得了一些安慰，虽然最终大部分人都死了。"

从白塔的屋顶你可以俯瞰泰晤士河里如鲫般穿梭往来的船只，视野极好（付小费）。其他吸引人的节目还包括可以观看金币和银币的铸造过程（付小费），以及参观皇家动物园。这里有狮子（出现在皇室纹章上），一只老虎，一只猞猁，一只豪猪以及据说是英格兰的最后一只狼（最后一笔小费在这里给）。标准的参观流程里不包括皇冠和珠宝部分——这需要额外付费。

伦敦都市传说

伊丽莎白女王还未登基之时，于1554年3月被送进了伦敦塔。在一番彻底的调查之后也未发现半点伊丽莎白参与反对玛丽女王的证据，伊丽莎白于5月被释放。玛丽1558年去世，伊丽莎白以女王的身份进入伦敦，她骑马到伦敦塔，拍了拍地面，说："有些人从这片土地的王公变成阶下囚，而我，则从阶下囚变成了这片土地之主。"

从参观者身上榨取小费确实很过分，但是在守卫眼里，外国游客才是肥肉。建议游客找个伦敦人同去，穿戴入乡随俗，装聋作哑，让伦敦同伴负责说话。更好的方法是，直接在塔墙外往东一直走到塔村，这里是雇用守卫部队的地方。在酒馆里找个不当值的守卫，那可能只消一杯啤酒的代价就能参观伦敦塔了，可以许诺回来再喝上几杯。

伦敦石

这条大街的南边……矗立着一块巨石……深深插入土中，四周有钢条拦住，非常稳固，如果真的有运货马车不小心撞上去，车轮估计会撞碎，而石头却纹丝不动。

——约翰·史铎《伦敦志》，1598 年

与泰晤士河平行的坎德威克街上的这个伦敦地标，之所以有名就是因为它年代久远。圆形，表面粗糙，差不多有两条大面包摞起来大小，顶上有一条浅浅的沟槽，没有铭文。有些人认为罗马人从这里开始丈量到伦敦的距离。但其实没有人知道这块石头到底是干什么用的。伦敦人敬奉这块石头主要就是因为它"够老"。如果你正好路过，可以停下来看看，但没有必要专门跑一趟。

皇家交易所

这栋宏伟的建筑矗立在康希尔街西端和切普赛德街交界处，占据着严格意义上的伦敦城的核心位置，是伦敦的贸易中心。交易所是托马斯·格雷欣爵士的馈赠，参照比利时证券交易所而建。据史铎所言，原先的交易场所在伦巴第街："商人和店主，不论英国人还是外国人，为了他们的日常生意、合同和贸易，通常一天会见面两次。但因为要在露天马路上走来走去，这些会面往往并不舒服，充满麻烦，时常受天气困扰，或者不得不躲进店铺里。"

皇家交易所于 1567 年建成，有四层高，钟楼顶上是一只来自格雷欣家族纹章的巨大蚱蜢。夏季礼拜日下午 4 点，钟楼上可能有免费的音乐会。商人在可以同时容纳 4000 人的一楼洽谈生意。1570 年 1 月，女王和托马斯爵士共进晚餐，随即传令下去，命令从此之后他的交易所叫作"皇家交易所"。

为了腾出地方兴建新的交易所，伦敦拆掉了三四十座房子。建交易所的主要材料都是从低地国家运来的——砖石来自安特卫普，石板瓦来自多特，护壁板和玻璃窗来自阿姆斯特丹。建筑师、泥瓦匠，甚至是工人，也都来自佛兰德斯。可以想象，这自然会让伦敦泥瓦匠、木匠和玻璃匠公会深感不满，但托马斯爵士

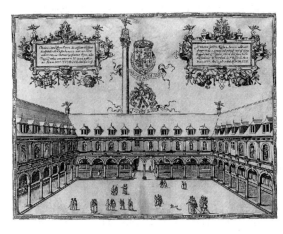

皇家交易所是伦敦商业生活的中心——这是个非交易日

坚持安特卫普交易所用什么材料，伦敦交易所也要用同样的材料。当然讽刺的是，安特卫普于 1585 年被西班牙人占领并遭到洗劫，人口不到五年时间锐减了一半。所以，如果你想领略昔日安特卫普交易所的辉煌——到伦敦来吧。

市政厅

市政厅是一座高耸的石头建筑，位于皇家交易所的西面和北面，是市长和高级市政官处理伦敦大小事务、招待皇室或是外国贵宾的地方。市政厅也是对宗教异端或叛国罪进行国家级审判的地方，比如对简·格雷夫人非法登上王位，克兰麦大主教拒绝放弃自己的新教信仰的审判都在这里。

市政厅内矗立着歌革玛各和康林纽斯两个雕像，代表着巨人一族，据说在特洛伊人的后代到来建立新特洛伊（即伦敦城的前身）之前，巨人生活在这些岛屿上。市长就职日的时候你也可以看见游行队伍中被抬着的这些雕像。

圣保罗大教堂

尽管教堂的尖顶在 1561 年被闪电击中已经烧毁，这座巨大的教堂却仍然耸立在伦敦西半边的天际。教堂的主体部分可以追溯到亨利三世时期。最为人称道的是一扇巨大的玫瑰花窗，玻璃的色彩绚丽非凡。日落时阳光透过玻璃照进来，教堂内部如同沐浴在数十条彩虹中。

现在的教堂是第四个坐落在山丘上俯瞰伦敦城的圣保罗大教堂

教堂正厅已经变成了一条大道，叫作圣保罗步道。伦敦人将其作为从北面帕特诺斯特街到南面卡特巷的一条近道。在这儿你可以看到街头小贩举着一杯杯啤酒、一盘盘的馅饼和一篮篮的水果穿梭往返。人们甚至牵着马和骡子走过。人们聚在这里做各种生意。店主把棺材当作商店的柜台。圣保罗步道两侧总有寻求新雇主的仆人，还有寻找客户的律师和放债人。想买公共彩票要去西门。

据剧作家托马斯·戴克所说，大教堂已经成为时髦人士流连忘返之地，裁缝们躲在柱子后面偷偷记下他们的竞争对手最新款衣服的剪裁和配色。到了夏天，礼拜日的晚上，男男女女都会花上一个便士到教堂顶上乘凉，教堂的顶上铺满了铅。戴克建议，"在你下去之前，我希望你掏出小刀刻下你的名字……这样可以肯定你的名字会刻在某个铅制棺材里，而你自己估计死了就裹在床单里罢了"。

尽管伦敦人如此随意地对待他们的大教堂，但女王陛下经常来此参加礼拜，而且如果布道让她不满意的话，她会毫不犹豫地打断。1588年她来到圣保罗大教堂接受大败西班牙无敌舰队后缴获的船上的十余面旗帜。

圣保罗十字堂

这个著名的布道之处紧挨着教堂的北面，在其最东端。木制的小讲堂屋顶铺着铅板，在这里可以听到最为博学的牧师布道。王室宣言、国外的消息以及游行、节日和瘟疫流行预警的公告都在这里宣读，禁书在这里公开焚毁。布道一般至少会有两个小时，以喝了几杯酒来计。牧师靠面包和葡萄酒来支撑自己，温润喉咙，结束后会和市长大人共进午餐。十字堂周围可以容纳多达五千听众，几乎是剧场容量的两倍。如果下雨的话，牧师会移入教堂的地下室。

萨默塞特宫

那座宏伟的美丽迷人的房子，但却没有完工。

——约翰·史铎《伦敦志》，1598 年

萨默塞特宫位于斯特兰德街东端、通往白厅的路上。这是英格兰第一座意大利风格的宫殿，三层高的门道，侧面是两层高的对称的立面。走进来，庭院是一种全新的风格，叫作拱廊，即一边敞开，靠立柱支撑的通道。建造者是萨默塞特公爵，爱德华六世的舅舅，也是王国的护国公。为了建造这座宫殿，他拆掉了几处主教和律师的宅邸以及一座教堂，并且用上位于克勒肯维尔的救护骑士团小修道院的石头。公爵因叛国罪被砍头之后，这所房子被献给了当时还未登基的女王。房子的大部分被分隔成独立的房间，供外国使节和皇室宠臣居住，比如女王卫队队长亨斯顿勋爵。

白 厅

先生，您不可再称为约克官邸了；那也成为过去，枢机主教垮台之后，那名称即不复存在。现在是属于国王的了，改称白厅。

——威廉·莎士比亚《亨利八世》

白厅是女王在伦敦主要居住的宫殿，最早是由亨利八世的首席大臣渥西主教所建。主教失势之后，亨利八世将其据为己有。一条和泰晤士河平行的路从宫殿中直穿而过，路上架有两座宏伟的门楼。这样来访者就可以直穿宫殿，途中不乏瞥见内廷光景的机会。有身份的外国人提前申请则可以在陪同下参观办公区域。如果女王不在的话，凡夫俗子打赏了合适的守门人，通常可以进去看看某些部分。面朝泰晤士河的建筑及房间主要是用来办公，另一边面对狩猎场的房舍则主要用作消遣娱乐。渥西主

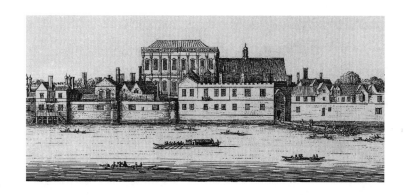

教着手把约克主教的伦敦旧宅扩建成一座宫殿时，英格兰已经将近四十年没有战事了，因此白厅没有防御工事。

圣詹姆士宫

从白厅出去穿过公园，另一边是圣詹姆士宫，由亨利八世所建。这里之前是个麻风病院。这座宫殿基本是用作狩猎行宫，但是一直以来也用来举办正式王室活动。据说周围的土地因为埋葬了太多的麻风病人种不出花来。女王陛下已故的姐姐玛丽女王就是在圣詹姆士宫去世的。覆有塔楼的宏伟门楼右侧，是皇家礼拜堂的巨大窗户。唱诗班排练的时候，非常值得在这里逗留一下，哪怕只能听到飘出来的片段音乐也是值得的。

西敏寺

耗费了几个世纪时间建成的西敏寺，坐落于伦敦城的最西边，已经到了郊区。西敏寺是献给圣彼得的，王室加冕礼在这里举行，大多数英格兰国王和女王也都长眠于此。教堂正厅高三十多米，比英国其他教堂都高得多。自从征服者威廉起，每一位君主都是在这里加冕的。

参观者可以看到的坟墓和雕像包括忏悔者爱德华、爱德华一世、爱德华三世、理查二世、亨利五世、亨利七世、玛丽女王和爱德华六世。在亨利五世的坟墓旁，你仍然可以看到他在阿金库尔战役大败法军时用过的盾牌、佩剑和盔甲。他的法国新娘特鲁亚的凯瑟琳王后经过防腐处理的尸体安放在上面巷道的一口透明棺材里。

自从英国国教改革以来，以前的小礼拜堂已经成为廷臣和贵族热衷的长眠之所。西敏寺里最为壮观的纪念碑是纪念亨斯顿勋

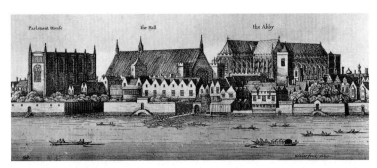

西敏寺地区，集法律咨询、法庭和加冕场所为一体的地方

爵亨利·凯里的，有 11 米高，位于施洗者圣约翰堂内。他年轻时是一名优秀的持枪比武骑士，女王陛下的表兄，担任她的宫务大臣和枢密参事。

你可以买一份介绍西敏寺里纪念像的参观手册，是拉丁文的。

西敏厅

这是最早由征服者爱德华建造的西敏宫残存的最古老的部分。高耸的屋顶有近 30 米高，横宽在全国首屈一指，令人叹为观止，西敏厅占地 2000 平方米，重达 660 吨，两百多年前在 50 公里之外的法纳姆建好，然后一部分一部分用运货马车和驳船运过来。西敏厅是英格兰最为重要的法庭——王座法庭、民诉法庭和财税法庭所在地。加冕仪式完成之后，庆祝宴席在这里举行。这时候，由迪莫克家族世袭的"国王捍卫者"全副武装策马向前到大厅中央，宣布任何对新王的王位继承权有异议的人此时应和他进行决斗。当然，决斗从未发生过。

最后，请不要忘记……

泰晤士河

河里有很多驯顺的天鹅，它们在小洲上筑巢、繁衍后代……它们仅供女王陛下享用，打歪主意的人将被处以死刑。

——卢普德·冯威德尔，1585 年

一个人说，看到河上的往来船只，可以说它是一片砍掉枝丫的森林，辟出空地，光线照进来，于是遍布着桅杆和船帆。

——威廉·卡姆登《不列颠志》，*1586 年*

我这里要说的是……那些搭载乘客或是从各个地方运输必要的供应品的巨大船只和驳船旁，那两千艘维持着三千穷苦船工生计的小船。

——威廉·哈里森《英格兰纪实》，*1587 年*

八 购物

买什么 & 如何买 & 哪里买 & 市场 & 时尚

买什么

其他地方买不到的东西伦敦都能买到，这不仅是指生活必需品和便利物品，而是包括所有最新的、最稀奇古怪的、最为华丽的以及最罕有的物品。伦敦奢侈品行业主要的产品有枪支、佩剑、盔甲、钟表、镜子、书籍、地图、乐器、航海和科学装备、眼镜、玻璃器皿、珠宝和金银餐具、香料、药品、皮毛和各式各样你能想得出的织物和服装。英格兰的刺绣分外精致，不论是壁挂等家居用品还是衣物（比如手套）上的绣工均是如此。所以作为礼物带回家送给喜欢精致绣品的女士再合适不过了——容易携带、很轻巧，而且路途中也不容易损坏。

如何买

外地访客会发现本地的计量单位让人眼花缭乱，使购物变得格外复杂。这些计量单位依所售物品不同而变化。

一个便士总能买到一条面包——但是一便士面包的大小却是随着谷物价格变化的。英格兰制布料通常是按埃尔卖的。对佛兰

伦敦语言

bombast （男士紧身上衣或马裤的）衬垫

cheapen 讨价还价

cordwainer 科尔多瓦皮制造工匠

costermonger 水果蔬菜小贩（尤指卖考斯塔德大苹果的小贩）

currier 制革工

farthingale 鲸骨衬箍；裙撑

galligaskins / gallislops / gascoins 宽裤；灯笼裤

head-tire 头饰（包含铁丝支撑和上面装饰的珠宝、羽毛、假发等）

merchants by the great 批发商

plumping 衬垫

pomander 香盒

purl 绣边；流苏

quietus （债务）偿清

trull 品德低劣的人

ware-bench 商店柜台

芒人来说这相当于70厘米，而对苏格兰人而言则比那要长25厘米多点儿。但是在英格兰人眼里，一埃尔等于1.1米。进口布料，比如缎子，则是按码卖的。和其他布料不同，丝绸是按重量称的，1盎司差不多2先令8便士。书写纸则是以刀（quire）为单位，1刀24张（通常是4便士），有时也会有25张。

因此，买东西的时候，找个熟悉这些的本地人陪同显然会有很大帮助。

哪里买

圣保罗大教堂庭院

全国只有伦敦、牛津和剑桥享有印刷专营权，其中伦敦是最大的印刷中心。印刷商大部分是佛兰芒人、法国人，也有英国人，集中在舰队街附近，但是书籍装订售卖的生意中心则是圣保

罗大教堂的庭院。这一地
区在四个开庭期变得尤为
繁忙。

诉讼当事人和律师一
边忙着法庭上的唇枪舌剑，
一边掏出钱袋来购买消遣
读物和法律参考书。在这
里你可以买到用上好的摩
洛哥山羊皮革做封皮的精
美厚重的大部头，也可以

问问有什么私下出售的东西——最好的货品
未必总是会摆在台面上。不要犹豫，想要什
么尽管开口问

花上几个便士买上本小册子、歌谣或是年历。如果是买没有装订
的书，三四页的印刷品要付 2 个便士。

一些现在的标价：

霍林斯赫德《编年史》 26 先令

《新约》（拉丁文） 2 先令

《圣经》 6 先令

卡姆登《不列颠志》 5 先令

哈克里特的《英国主要航海、航行、交通和地理发现》 11
先令 11 便士

莎士比亚《维纳斯与阿多尼斯》 1 先令

切普赛德街

圣保罗大教堂庭院的一个小门通往切普赛德街。这是伦敦最

宽阔的大街，在这里阅兵、穿古代服装巡游或是列队行进都绰绰有余，更不用说行刑或者是骑马长矛比武了。

主要的路旁小街各自聚集了不同的生意。面包房都在面包街上，鱼贩都集中在星期五街上，鞋匠和制革匠在科尔多韦纳街上，乳牛场主在牛奶街上，杂货商在索帕巷。切普赛德街西端是马鞍匠聚集的地方，还有一栋用于谷物和谷物粗粉交易的房子。最东边则是卖刀剪的地方，后来这里变成了家禽街，鸡鸭和鸽子都在这里交易。沿着切普赛德街中间部分是街头市集，行人可以在这里买鲜花、水果或是各式各样的馅饼和派。有一部分专门留给乡村小贩，他们带来了斯特拉福德的面包、伊兹林顿的乳酪蛋糕和哈克尼的蔬菜。

伦敦生活

一些日用品的市价：

3把扫帚　2便士

1磅蜡烛　4便士

1磅肥皂　4便士

6把勺子　5便士

1个玻璃瓶　1先令

12个白镴盘子　5先令

1面镜子　5先令

切普赛德街最精致的部分是金匠街，位于面包街和星期五街之间。史铎充满激情地将其描述为"伦敦城墙内，或是英格兰其他任何地方所能见到的由漂亮的房子和店铺组成的最为美丽的框架……它包括……十所住房和十四座店铺，房子的框架都是四层高，朝着大街的一面装饰着金匠公会的纹章，……涂上富丽堂皇的颜色并且镀了金"。

切普赛德街的西端是圣马丁教堂及其辖区。这个名字现在是此区域主街的街名，但它曾经指的是从撒克逊时代就矗立在此处的修道院的名字。许多外国工匠住在这里制作珠宝首饰——按照金匠公会的说法，大部分都是假货——但是这片区域自古以来一直就是那些游手好闲者的庇护所，在市长执法范围之外，在这里施行正式的行业规范是一件令人头疼的事。

切普赛德街北面是绸缎商人公会会堂。因此附近的很多商铺都是绸缎商开的，各种绚丽的丝绸、缎子、丝绒和其他华丽的布料，色彩斑斓，令人目不暇接。陪夫人经过此处时，最好坐在马车里，把窗帘放下来。经过名为巴克勒斯伯里的小巷时，她也很难不被药剂师店铺里飘出的醉人香气迷住。

皇家交易所

皇家交易所位于切普赛德街最东边，家禽街过去就是了。上层回廊挤挤挨挨有 150 多个小商店，售卖各式各样的货品，从女帽到捕鼠夹无所不有。这些零售店的租金被用于资助格雷欣学院的教授们。交易所里没有乞丐，但是请留心扒手。如果你觉得买东西无聊透顶，但又不得不来的话，那至少在这里你可以迅速地一站购齐要买的东西。但是如果你只是想花钱的话，这里就是购物天堂了。

斯特兰德街

斯特兰德街是河边的一条通衢大道，从舰队街一直延伸到查令十字街和西敏寺。街南面都是贵族宅邸，面朝泰晤士河，但是在这些大宅之间，以及斯特兰德街的北面，逐渐出现了越来越多的店铺，一些是为满足居住在这里的富人的需求，另外一些则是看中了这里的人流不断。

市　场

供给日常需要的市场主要有以下这些：

利德贺市场在恩典堂街东面，靠近和康希尔街的交叉路口。这里主要售卖肉类和家禽，伦敦肉贩的固定摊位在一栋方方正正的房子里。这是真正的食客要来的地方。

恩典堂街上多是从乡下来的小贩，他们把能装在篮子里带来的各种东西都拿来卖，黄油、乳酪、乳清、野兔、猪崽、猪头、香肠等。买之前你最好闻一闻。往南走，靠近河边的东市街是伦敦肉贩做生意的街市，屠宰场就在附

伦敦生活

市场巡视员必须时刻警惕不良行为。比如，一些卖家禽的人提前好几天把家禽的肛门缝起来，家禽被体内的粪便撑得膨胀起来，显得比本来更大更重。等到买回家打算烹煮的时候，才发现家禽已经坏到没法吃，只能扔掉了。伦敦有固定摊位的家禽贩知道买主会立刻找上门来，不会干这么低劣的勾当，但是从乡下来的小贩很有可能这么干。

东市街市场。不管什么东西，只要英格兰商人能弄上船的，你就能买得到

近。史密斯菲尔德附近的新门街还有一个肉类市场，每周三和周五活畜活禽在这里出售，只供批发。如果你不是打算喂饱五千人的话就不要去了。

东市街以南、泰晤士河上的比林斯盖特市场，出售从法国运到的新鲜鱼类、水果、谷物和盐。到加来只需一天，不用一大早就出发，路途中风平浪静。

斯多克市场（Stocks Market）因犯了轻罪的人在这里佩戴手足枷（stocks）作为惩罚而得名。这里的屠夫和鱼贩差不多各有20个摊位，都是伦敦本地人。长居此处的居民在这里培养他们的"未来之星"。

斯多克市场往南，泰晤士河上的女王码头有一个市场，里面出售上游船只运来的水果和谷物。其他地方的货品开始打蔫儿的时候，女王码头的依旧新鲜！

泰晤士河南岸南华克地区，沿着通往伦敦桥的路，一周四天会有个大型集市，伦敦人和乡下人都会来摆摊。人们去剧场的时候会随手买点儿零食、饮料，或是散场回家的时候捎上点儿晚餐的材料。

维护消费者

市长大人和他的官员们监管所有的集市，有权控制价格，没收有问题的货品。所有的计量工具都经过官方核验，标准秤存放在市政厅，作核准之用。市场除礼拜日外每天开放，早上从六点到十一点，下午从一点到五点。礼拜日则是夏天早上七点之前、冬天早上八点之前可以买到牛奶、水果和蔬菜。面包可以在面包房买，也有小贩提着篮子逐家逐户售卖，在街上摆摊是被禁止的。卖鱼、牡蛎、樱桃、草莓、小萝卜、莴苣、威化饼以及诸如此类新鲜食物的小贩可以提着篮子或是驮篮架在牲口上沿街叫卖，但是不准在一地逗留太久。鲭鱼非常容易腐坏，因此礼拜日的时候也能买到。

时 尚

我该怎么描述他们的紧身短上衣呢……有很多裂口装饰，袖子五颜六色？他们的宽裤把臀部凸显出来，显得全身圆滚滚的？他们的裙撑，颜色各异的丝绸内衣、针织紧身内衣以及诸如此类的衣物，身体在其中扭曲变形，而非舒适自如？我在伦敦碰见过一

些这样的"生物"，穿着如此奇怪，我压根儿分辨
不出到底是男是女。

——威廉·哈里森《英格兰纪实》，1587 年

　　理论上来说，如何穿衣打扮有具法律效力的"着装条例"来
规范。例如，按照规定，只有嘉德骑士和伯爵以上的贵族才可以
穿金色、银色和紫色丝绸的衣服。上流社会人士拜见女王的时
候、在驻外使馆供职或是每年至少有 200 英镑可支配收入的人，
则可以不用遵守此项规定。事实上，在宫廷之外，这些条例基本
没有人遵守。

男　装

世界上再没有哪里的人比英格兰人对新奇款式更着迷
的了……你很难分清哪个是贵族，哪个是神职人员，
谁是上流社会的绅士，谁又不是。

——菲利普·斯塔布斯《虐待的剖析》

　　男士的紧身短上衣（doublet），尽管有可以拆卸的袖子稍微
方便动作，但上衣里面的填充和衬垫仍旧使得穿衣服的人几乎动
弹不得。外面是带裙外衣（jerkin），有衬里，但是没有衬垫，也
没有浆过。再外面是一件长袍，年轻人的及膝，年长者的则长至
脚踝。外出的时候也可以穿斗篷。尽管通常极具装饰作用，这种
短斗篷穿起来却并不实用，需要不断调整位置。带兜帽的斗篷在
冬天或是天气不好的时候是上佳之选。腿型漂亮的男士会穿紧身

裤，但是在伦敦泥泞的街上想保持纤尘不染非常困难。身材不太好的男士可以穿宽松的半长裤。男童七岁上下开始穿这种半长裤，在那之前都穿得和女孩子一样。穿高至大腿的长靴是另一种假装小腿纤细的方法。

> ❧❧❧❧❧❧❧❧❧❧❧❧❧
>
> **伦敦生活**
>
> 时装花费：
>
> 工装靴　1先令
>
> 工装衬衫　2先令
>
> 两件外衣和两条半长裤　5先令
>
> 时髦的夏季短靴　8先令
>
> 无装饰的獭皮帽　26先令8便士
>
> 为莱斯特伯爵定制的斗篷　20英镑

女装时尚

女士穿一种胸前不打褶的紧身裙装上衣，用木制或是鲸骨胸衣绷紧。裙装外面通常还会穿一条围裙。因为没有口袋，剪刀、铅笔刀、别针、火漆封印、粗缝针、掏耳勺和香盒就都别在了腰带上。外衣之下贴身穿一件亚麻衬衣，再无其他。西班牙进口的软皮革制成的鞋是最为精致的。女王的衣着超乎想象地复杂，需要用数以百计的别针把她固定进衣服里，不论谁想尝试这么时髦的衣着都必须如此。

女士们……穿上最好的衣服上街，全部注意力都集中在自己衣服的拉夫褶领和衬垫上，简直走火入魔，穿丝绒衣服上街毫不犹豫……而在家则连一片干面包都吃不上。

——符腾堡公爵腓特烈

手 套

手套是一种时尚必备品，也是英格兰特色，绣工精巧，带有香味，有的甚至缀上了珠宝。女王自己就有数以百计的手套，她认为手套是最令人满意的礼物，可以完美展示她修长的手指。手套通常是被握在手里，而不是戴在手上。

扇子，通常是羽毛或是皮制的，是另一件可以把注意力吸引到优雅的手上的装饰品。

手套是送给女士的上乘礼物，但是也可以在手套里塞满现金用作贿赂。牧师戴上白手套表示他们"一尘不染"，不收贿赂

拉夫褶领

拉夫褶领指的是一种巨大的、打了很多褶的可拆卸的圆形领子，男女都会戴，尤其是在正式场合。肖像画里某些人戴上拉夫褶领显得很漂亮，现实中的拉夫褶领戴起来却非常不舒服，价钱昂贵，打理也很费钱，对又短又粗的脖子极其不友好。尽管如此，所有能买得起拉夫褶领的人，不论男女，都会戴着它。过去四十年间，拉夫褶领变得越来越大，有的达到了 5.5 米长、30

拉夫褶领。雷利得意地展示最新的时髦穿戴——他在衣服装扮上出了名地挥霍无度

厘米厚，有 600 个褶。把褶领浆好妥妥当当地安顿在脖子上要花上几个钟头，结果可能就因为几分钟刮风下雨白费劲儿了。所以，为了某个特殊场合出门的话，通常的做法是把拉夫褶领装进盒子里由仆人捧着，到了地方再戴上。上浆最好交给专门干这个的人，大部分都是荷兰女人。她们通常使

王室风尚

女王登基不久就体会到了丝质长袜的舒适，发誓再也不穿别的袜子。一双袜子耗资 2 英镑——等于一个小型农场一年的租金。这些袜子穿上一个星期就被弃置，赏给她的女侍了。寒冷的冬季，女王也会换回羊毛袜以保暖。

一份女王的服装清单记录了超过 3000 件衣物，其中包括 102 件法式裙袍，100 件松身长裙，67 件四面闭合长裙，99 件长袍，127 件斗篷，85 件紧身短上衣，125 件与法式裙袍搭配的衬裙，126 件外裙，56 件罩裙，136 件 V 形胸饰（遮挡在紧身胸衣前）。沙皇伊凡雷帝为了向伊丽莎白女王求婚，曾经送给她 2 块银线棉布料，4 块金线棉布料，2 件白色貂皮长袍，6 块猞猁皮和 160 块紫貂皮。

单是 1599 年，皇室就花了超过 700 英镑为女王置办细亚麻布。她每年的置装费用估计在 1 万英镑左右。财政大臣曾经告知众议院，女王陛下的服装"皇家气派十足，非常高贵，衬得上她的身份，但却并不奢侈过分"。

用柔和的植物染剂给飞边染色，象牙色、粉色、黄色或是淡紫色，这些颜色比起死气沉沉的纯白色，能把肤色衬得更好看。女王不知出于什么原因，不喜欢蓝色，因此她禁止使用蓝色。

九 节庆假期

濯足节 & 五朔节 & 仲夏节
& 巴塞罗缪节大集市 & 查尔顿牛角集市
& 市长就职日 & 女王登基日 & 婚礼

伦敦人一年到头有不少节庆活动，从复活节直到秋天。作为一名外地游客，要是想了解一下英格兰人的生活方式和奇特的风俗习惯，可以去参加一下这些活动。逗留期间要是能受邀参加一场婚礼，那可能就真是最值得回味的事情了。

濯足节

濯足节在耶稣受难日（Good Friday，复活节前的星期五）的前一天。这一天女王会去西敏寺完成濯足仪式，为挑选出来的诚实、虔诚的穷人洗脚。参加仪式的人数和女王的年龄相等。按惯例女王会带上一大束散发芳香的鲜花和香草，以防有些穷人味道难闻。

真正替女王为穷人洗脚的是皇家洗衣侍者。濯足仪式完成之后，女王会为每个穷人送上象征大斋期的细平棉布和鱼、象征耶稣的身体和血的面包和

> **伦敦语言**
>
> 濯足节（Maundy Thursday）的名字来自耶稣给他的门徒的命令"我给你们新诫命"（*mandatum novum do vobis*），同时也是纪念耶稣为门徒洗脚的谦卑之举。

一杯葡萄酒作为礼物。他们还会收到一个皮制钱袋——男士是绿色的，女士是白色的——里面装着和女王年龄相同数量的便士。

五朔节

5月1日的黎明到来之前，年轻人就离开城市到乡间去采摘"五月花"，用新开的花朵、含苞待放的枝条和山楂——"五月花"——来装饰他们的房子，并且做成花环。女孩子用五月朝露洗涤面庞，据说可以治疗雀斑。最美丽的少女会被选为"五月女王"。五朔节这一天会有各种娱乐和竞赛项目，尤其是射箭。街上立起五月柱，最有名的当属康希尔街圣安德烈教堂外的五月柱，教堂也因此被称为五月柱下的圣安德烈教堂，因为五月柱甚至高过了教堂的尖塔。另一个著名的五月

老爷夫人们现在在外面，自寻乐趣，有时候在草地上亲吻，有时候又在干草堆里。

——弗朗西斯·博蒙特与约翰·弗莱彻
《燃杵骑士》

伦敦生活

所有的姑娘小伙儿……夜里都会游荡到树林里……在那儿待上一整夜……他们中有一个伟大的主人，监管着他们一切消遣和竞赛活动，这就是撒旦，地狱之王……最为重要的珍宝……就是五月柱，他们怀着崇敬之心将它带回家，然后围着它起舞，如同虔诚的民众向他们崇拜的神献祭，这完全是一模一样……夜里到树林里去的四十个、六十个或是一百个少女，能有三分之一回来还能保持清白之身就很不错了。

——菲利普·斯塔布斯《虐待的剖析》

大大小小的城镇和村庄里，人们围着五月柱跳舞，举行庆祝活动

柱在斯特兰德街，萨默塞特宫外。夜幕降临，篝火点燃，人们继续跳舞喝酒，直到深夜。

这天会上演圣乔治屠龙拯救少女的故事。圣乔治是英格兰的守护"主保"圣人，他的纪念日在 4 月 23 日，一度是非常盛大的节日。女王治下第十年颁布法令宣布这一天不再是节日。但是人们仍然非常喜欢圣乔治的故事，因此纪念圣乔治也变成了五朔节的一部分。另外还会上演罗宾汉和少女玛丽安的故事。教堂执事为罗宾汉和玛丽安的戏服付账，并且安排手下为堂区基金募集捐款。

仲夏节

庆祝仲夏夜是在 6 月 23 日，庆祝时会点燃篝火。这是个幸运日，人们占卜未来，制作爱情魔药，守候鬼神的出现。有些人相信，整夜盯着教堂门廊，就能看到堂区所有在世的人的魂灵走进教堂，那些魂灵没有再出来的人，不会活到第二年仲夏节——还有那些本来在蹲守但是睡着了的人。这一晚采集某些特定的花朵和香草会起到驱邪的作用。效力最大的是圣约翰草（即贯叶连翘），拉丁文名义为"驱除恶魔"，可以用它来为被鬼魂困扰的房子驱魔。

6 月 24 日是仲夏日，按照旧的传统是施洗者圣约翰的纪念日，标志性的庆祝节目是围着五月柱跳舞，和纪念罗宾汉的射箭比赛。这一天会选举出伦敦的治安官。市长大人会收到一朵红玫瑰，作为两座房子之间人行天桥的年租，这两座房子位于绕塔吠叫街，在全神圣教区的希斯因巷。这两座房子原属于战功显赫的罗伯特·诺利斯爵士，他曾经于 1381 年保卫伦敦，抵抗过瓦特·泰勒的起义军。作为对其贡献的认可，以一朵红玫瑰代替了他之前的租金，这个传统一直保持至今以志纪念。

巴塞罗缪节大集市

如果你想看吞火表演、怪胎、剑术大师；买本民间歌谣小册子，或是包治百病的灵丹妙药，又或是劣质首饰；体验一下成千的身上结痂的乞丐、扒手和妓女的夹道欢迎，那就千万不能错

❧❧❧❧❧❧❧❧❧❧❧❧❧❧

伦敦生活

一个最近才开始庆祝的节日，是女王的生日——9月7日，这始于1584年。每个堂区教堂都会有感恩祈祷。女王今年年龄几何，每个堂区就会有多少个年长的穷困妇人为她祈祷，祝愿女王长寿、国泰民安，她们会被赠予香料蛋糕、葡萄酒和1—3个便士，钱多少依堂区实力而定。

❧❧❧❧❧❧❧❧❧❧❧❧❧❧

过巴塞罗缪大集市。你可能有机会看到伦敦一些非常有名的演员，在专门搭的棚子里表演他们最为出名的演出片段，还有各种平时难得一见的奇怪野兽、侏儒、杂耍艺人等。

这个古老的集市可以追溯到亨利一世统治时期，在史密斯菲尔德举行。最早的时候是从圣巴塞罗缪日（8月24日）前夜开始，持续三天，现在已经延长到了两周。集市的收益原来是作为圣巴塞罗缪大教堂的小修道院和医院的善款，现在已经归市政委员会管理。集市曾经是全英格兰最大的羊毛制品交易市场，市长大人会剪开一块羊毛织物宣布开市。但是现在集市已经变得低俗不堪，不是做生意的地方了。

查尔顿牛角集市

查尔顿是伦敦东南的一个村庄，过了格林尼治就到了。传说约翰王曾经在这里打猎，勾引了当地一个磨坊主的老婆，作为补偿，国王允许磨坊主在10月18日圣卢克纪念日举办集市，作为对查尔顿堂区教堂的奉献。头上长角（horn）表明其妻子与人通奸，因此这个集市就叫作牛角集市（horn fair），不过，这可能实际上是指圣卢克，他的标志是一头公牛。无论事实如何，很多人喜欢穿得花里胡哨，装扮成国王或者王后，或是扮成头上有角的磨坊主来逛集市。

伦敦附近的村庄还有很多其他集市，从东面的斯特普内到西面的平纳镇都有。克罗伊登有两个集市，一个在 7 月 5 日，是樱桃集市，另一个在 10 月 2 日，是牛羊集市。南部佩卡姆的集市从 7 月 21 日一直开到 8 月 3 日。北边的埃德蒙顿集市按照老传统来说只卖华而不实的小玩意儿，比如姜汁饼干一类没用的东西。

市长就职日

每年从这些高级市政官中，选出一个人……担任地方行政长官，也就是市长。他在伦敦市民心中的地位，毫不亚于威尼斯总督殿下在我们心中的地位……他就职的这一天，必须要为伦敦达官显贵和外国名流举行一场盛大的宴会；……参加宴会的人估计有上千人。晚宴会持续四个小时或者更久。

——安德里亚·特雷维诺

这段文字差不多是一百年前写的。现在基本没有什么改变，只不过活动变得更为盛大，更为奢华。新任伦敦市市长每年 10 月 13 日选出，10 月 29 日他和高级市政官一起，浩浩荡荡前往西敏厅，在财税法庭法官面前宣誓就职。市长大人及其支持者乘坐一艘船桨镶银的豪华游船沿泰晤士河巡游，其后跟随着各行业公会的游船。回程的时候新任市长大人在圣保罗大教堂码头登

市长大人骑马前去宣誓就职，前面是护剑官

岸，骑马沿街巡游，鼓手，号手，双簧管和笛手，长枪兵和骑手，还有所有的主要市政官员——包括护剑官、伦敦市助理司法官、事务大臣、公告员、治安官和高级市政官——戴上礼帽穿上礼服，配上金链或是银链。所有人的目的地都是市政厅，在那里享用一顿盛宴。

女王登基日

Domino factum est istud et est mirabile in oculis nostris——这是耶和华所做的，在我们看来蔚为奇观。

——伊丽莎白一世登基大典上所说

自 1568 年女王登基十年纪念日起，女王登基日固定在每年 11 月 17 日庆祝。1576 年起这一天被列入圣日（即节日），但却并不是休息日。这一天钟声敲响，伦敦塔上鸣枪致敬，为女王陛下的长命百岁举行专门的祈祷，晚上会有篝火和烟花。

婚 礼

虽然你可能并没有在伦敦结婚的打算，但却非常有可能看到婚礼的举办。如果你和伦敦人交上了朋友，那就有很大机会受邀参加一场婚礼了。了解一下婚礼的准备工作和具体过程，会对你有所帮助，同时这也是件有意思的事。

确定良辰吉日

选个合适的日子并不是那么容易。大斋期是不能结婚的，耶稣升天节的前三天也不行，圣三一日也不行。当然，你可以花钱买个豁免权在这些日子结婚。还有另外 144 天是不适宜结婚的。虽然《圣经》上找不到什么根据，但是习俗如此，而且英格兰国教非常坚持这些规定。老百姓会说："大斋期结婚，你就等着后悔吧。"

乡村地区举行婚礼一般会选农闲而且储备食物最多的时候，在伦敦这些因素不在考虑范围之内，所以婚礼一年到头都有。尽管天气经常很糟糕，2 月和 11 月还是最受欢迎的日子，尤其是对那些第二次或是第三次结婚的人来讲。他们不那么在乎年轻人的热闹玩意儿了。这个时候别的节日或是活动很少，来参加婚礼的人会比较多。

结婚通告

婚礼必须至少提前三周宣布，在所属堂区教堂由牧师公开宣告。如果对婚礼以下方面有异议需要在此期间提出：

（1）其中一方已婚，或已有婚约（后者情况更为普遍）。

（2）其中一方未满规定年龄。新郎必须至少 14 岁，新娘 12 岁。这种情况非常罕见。实际上双方通常都超过规定年龄一倍。

（3）不满 21 岁者，未征得父母的同意。

（4）双方为近亲（无论血缘关系还是婚姻关系）。英格兰国教规定了 30 种不允许结合的情况，每个堂区教堂都会永久陈列一份书面通告列明规定。同辈表亲之间是可以结婚的。

教　堂

既然婚姻是世俗契约，就必须在公开场合举行婚礼，
以得到众人的见证。既然婚姻是宗教契约，就必须得
到牧师的祝福。

——约翰·多恩

祖父母那时候，婚礼大多数是在教堂门廊上举行的。现在则必须在早上八点至正午之间在教堂内举行，并在教众面前行礼。婚礼仪式必须按照《祈祷书》的规定进行。仪式完成之后，婚礼记录要写到堂区登记册上，作为正式记录。以上种种都必须按照规定完成，否则"只不过是长期通奸罢了，不算是婚姻"。

新娘由父亲或是家里的其他男性"交出去"，象征他的许可。胡克长老对此也有告诫，"这提醒了女性牢记她们的本分，她们本质蠢钝，性别所限，注定要被别人所指挥和命令"。

伦敦生活

最后一个必须要说的习俗。新郎和新娘准备上床休息的时候，未婚的男男女女跟着他们进房间去。他们坐在床尾，背朝新人。新郎新娘把自己的袜子递给他们，新娘的袜子给小伙们，新郎的袜子给姑娘们。然后每个人把袜子从头顶往后扔，谁先扔中新郎或是新娘的鼻子，就会是下一个结婚的人。据说很灵验。

庆祝活动

宴席之后，时兴进行一项无聊的、疯狂的、毫无教养的活动。新娘必须被带到一个露天的跳舞场……然后男人们就开始用各种方式掀扯新娘的衣服，以及其他女子的衣服，正经人会认为所有跳舞的人都已经再无羞耻之心……接下来可怜的新娘必须和每一个人跳舞，不能拒绝任何人，不管他是浑身长癞、恶臭难闻，还是烂醉如泥、粗鲁无礼，抑或是无耻之徒。

——迈尔斯·卡佛岱尔《基督教徒的婚姻状况》，1552 年

教堂仪式完成之后，庆祝活动就开始了。想看最有生气的那种，应该到附近的村庄里去，比如莱顿或是哈克尼，伊灵区或者伯蒙赛。新娘往返教堂的路上都有音乐伴奏，众人跳着莫里斯舞。年轻人骑马冲刺矛靶以求得荣誉的花冠，或是一个香吻。婚礼宴

伦敦生活

尽管很多清教徒认为这是天主教的行为，每一场正常的婚礼都会包括戴上戒指的环节。但是，和旧时习俗不一样，牧师既不会为戒指赐福也不会在戒指上撒圣水。戒指也不依以前的传统——依次戴在每个手指上。新娘会戴在左手无名指上，据说无名指上有一根血管直通心脏，代表着爱情。只有新娘戴戒指，没有人说得出为什么新郎没有戒指。

席通常包括配芥末酱的牛肉、肉馅饼和蛋奶糕，加了香料的酒和不限量的啤酒。作为礼物，客人们会收到丝带和蕾丝，绣花手套和蓝色吊袜带（表示新娘对圣母玛利亚的崇敬）。所有人参加婚礼宴会都会受到欢迎，但是作为客人，你应该带上葡萄酒、乳酪、布丁或是条大鱼给宴席添道菜。

十 娱乐

娱乐区 & 戏剧 & 音乐 & 体育运动

伦敦人对待玩和赚钱一样认真。为别人提供娱乐活动能让你赚大钱，可以参考艾伦先生辉煌的职业生涯。所以，不论是体育运动、唱歌还是舞台表演，你总能在伦敦城里——或者更有可能的是，在伦敦城墙外，找到你想要的休闲活动。

娱乐区

法律规定的边界之内的伦敦城，在伦敦市市长和高级市政官一丝不苟的管理之中，他们不容许娱乐或是懒散。如果你想寻求不同，那你就必须把眼光投向别处。

名为春园的游乐场紧邻圣詹姆士宫的皇家公园，中间隔着查令十字街。优越的位置使其尤其受有钱人喜欢。这里有靶子可以射箭，有室外游泳池，不过大部分穿着入时、谈吐得体的人来这里就是在树荫下精心修整的草坪上散散步，而且因此扬扬自得，陶醉其中。一些同业公会的成员可能会常去同业公会会堂的私家花园。

伦敦城墙以北的莫菲尔德情况类似，种了树，铺好了鹅卵石步道，冷静持重的公民可以傍晚携眷在此散步。伦敦城东肮脏贫穷的河岸地区沃平和沙德韦尔充斥着廉价的酒馆、赌场、玩撞柱戏和斗鸡的地方，这里是水手、妓女和无赖的乐园。你很清楚自己是不是适合这里。

划作娱乐用途的最大片区域是伦敦桥南端南华克的泰晤士岸边区。主要的剧场都在这里，还有斗熊和斗牛场，几十个酒馆以及城里最出名的妓院。很多人坐船到这里，在一个叫帕里斯花园的地方上岸，这个名字源于此处年代久远的罗伯特·德帕里斯的庄园，现在已经充斥着赌博和酗酒场所。在这个树木茂盛的地方，除非有一大群同伴，否则夜晚最好在大路上走，不要到树林里去。

伦敦语言

arquebus (harquebus) 火绳枪

cittern 西特琴（类似吉他）

coney-catcher 骗子

madrigal 牧歌（多人演唱，没有固定结构）

pippin （实生苗）苹果

poniard 匕首（来自拉丁语pugnus，义为拳头）

popinjay 鸟形靶子；花花公子，自以为是的时髦男子

round 轮唱曲

tabor 塔波鼓（一种小鼓，通常为笛子伴奏）

virginal 魏吉纳羽管键琴

zany 小丑（源自意大利威尼斯方言John Giovanni，即唐璜）

戏　剧

一出低俗的演出，喇叭轰鸣，很快就吸引了上千人，比响了一个小时的钟声才召唤来一百个听布道的人可要快得多！……然而，如果你去光顾剧场剧院、幕帷

剧院和城中其他剧场，你会发现……即便是主日（即
星期日）……这些地方也要爆棚了……

——约翰·斯托克伍德《圣保罗十字堂布道文》，1578 年

客栈院子里仍然会经常有演出，有一些客栈有着悠久的演出传统，比如主教门的公牛客栈和恩典堂街的十字键客栈；但是演员们现在更愿意在真正的剧场里演出。剧场可以收门票，而不用希冀客栈里看热闹的人群一哄而散之前还能慷慨付钱。剧场也没有那些扰人的嘈杂，客栈里的服务生、女仆和马夫，街头叫卖的小贩、游吟诗人和来来往往的车马喧闹不止。这种变化使得演员们不再需要依赖蹦蹦跳跳、扮小丑和佯装打斗这些手段来吸引观众了；相反，可以站在舞台上，充分用自己的声音和优美的语言掌控观众。

拥有了固定的演出场所，演员班子也有条件置办更多的戏服、盔甲、剧本还有乐器等，否则就只能把这些装备放在手推车上，推来推去。

例如，玫瑰剧院拥有如下舞台道具：

一段楼梯，两个教堂尖塔，一座灯塔，一棵月桂树，两段覆满苔藓的河岸，一棵挂满金苹果的树，还有一条彩虹。

一个荷兰游客最近画的这幅天鹅剧院素描图展示了演员和观众的距离有多近

一条蛇，一条龙，两具棺材，一口大锅，还有各式各样的"断胳膊断腿"。

当然，那些用来加强舞台效果、使得开膛破肚更加鲜活的羊血、羊心还有羊肝羊肺，每次演出都要买新鲜的。

> **市长大人和高级市政官致枢密院诉状，1597年7月**
>
> ——剧场演出给伦敦城带来的麻烦
>
> 1. 剧场演出导致年轻人堕落，这种活动毫无益处，只有下流内容，充满淫荡桥段，以及各种欺诈、粗野下流、亵渎上帝的伎俩。
>
> 2. 剧场是藏污纳垢之地，无业游民、没有主人的人、窃贼、盗马贼、骗子、阴谋叛国者以及其他游手好闲或是危险的人都聚集在这里。
>
> 3. 剧场使得那些没有自己营生的人更加无所事事，学徒和仆人丢下他们手里的工作，按时聆听布道的人们不再进教堂……各行各业生意凋零，上帝遭到亵渎。
>
> 4. 疾病流行的时候，过往的经验证明，那些患病的人……曾经去过剧场……看戏消遣，而在那里又传染了别人……

伦敦最早的剧场——剧场剧院和幕帷剧院位于伦敦东北部的肖迪奇，这里原属霍利韦尔修道院所有。因此它们离城区很近，步行可以轻松到达——但是却不归城区管辖。莎士比亚的《罗密欧与朱丽叶》《驯悍记》和《亨利五世》都是在这里首演的。土地租约到期之后，剧团拆掉了剧场剧院，用这些木料在泰晤士岸边区建起了环球剧院。幕帷剧院得以保留。河岸区可与环球剧院抗衡的有玫瑰剧院和天鹅剧院。伯比奇和莎士比亚的竞争对手亨斯洛和艾伦正在伦敦城北面跛子门附近建造一所新剧场——吉星剧院。

我们的演员和海峡对面那些演员并不相同，那是些说着下流笑话的一文不值的喜剧演员，让妓女和交际花

> 扮演女性角色，为了逗人发笑，说着猥亵台词，做着
> 淫荡动作，无所不用其极……但是我们的表演高贵得
> 体，充满了英勇气概，和他们的演出不同，没有傻老
> 头子，也没有娼妓和小丑，而是君主、国王和王子，
> 反复叙说的，都是他们的悲剧。
>
> ——托马斯·纳什《贫穷的皮尔斯》，1592 年

演出在下午进行，两点左右开始。如果想知道现在上演什么戏，主演是谁，留意提前发放的宣传单。吹响的喇叭和飞扬的旗子表明演出正式开始了。

拜清教徒所赐，礼拜日和大斋期不再举行演出。瘟疫流行也会让剧场歇业几个月。这种时候，演员们就出去巡演，最远直到德国。继任的伦敦市市长无一不表示，如果他们有权，他们很乐意永久关闭剧场，禁止演出，但是枢密院拒绝了他们，心知肚明"女王陛下有时候也很喜欢看戏"，因此演员们必须在不那么高贵的观众面前多加练习。

在剧场里花一便士就可以站在舞台四周的空地上。想要有屋瓦遮头就要多付一个便士，有凳子可坐要再给一个便士，想再要个垫子就再多一个便士。经常会有两三千人挤在圆形大剧场里，剧场老板平均一场演出能赚 8 英镑，而剧作家一部新剧本的价钱通常只有 6 英镑。你花的钱绝对不亏，因为在真正的演出前后，演员们还会唱歌跳舞，变戏法耍杂技。你可以买烟叶，3 便士一烟斗，还可以买酒喝，买馅饼、橘子和苹果吃。

通常男性观众多于女性，这要归因于数量众多的法律学院学生和主人不在就开小差的学徒。但事实上三教九流的人都会来看

戏，从马车夫到宫廷侍臣都有。只有清教徒例外——因为他们拒绝看戏。

你无法相信!

> 演员上台之后，必定是先介绍自己身在何处……会出现三个女子，边走边摘花，我们就知道现在舞台上是个花园。接着我们听到同一个地方船只不断失事，如果我们不认为那里有一块礁石的话，那就是我们的错了……与此同时，两方军队冲上舞台，表现为四把剑和四块盾牌，谁敢说这不是一场惨烈的战斗呢？……随着时间的推移，……很正常地，两个人……坠入了爱河。经过种种磨难，她怀孕了，生下一个金发男孩，男孩……长大成人，恋爱，生子；所有这些都发生在两个小时之内。
>
> ——菲利普·西德尼爵士《诗辩》，1595 年

如果只打算看一出戏，那就去看已故的托马斯·基德的《西班牙悲剧》（The Spanish Tragedy）吧，这是迄今为止伦敦舞台最受欢迎的戏剧作品。

霍拉旭是西班牙元帅赫罗尼莫之子，和卡斯蒂利亚大公之女贝尔·茵佩丽亚一夜幽会之后被吊死在了花园里。

杀死霍拉旭的凶手是贝尔·茵佩丽亚的兄弟洛伦佐和霍拉旭的情敌巴尔萨泽。

赫罗尼莫平复了悲痛欲绝的心情之后，在他们面前上演了一

基德的人气之作
《西班牙悲剧》
中一个戏剧冲突
高潮

出戏为自己报仇。

在这个过程中洛伦佐和巴尔萨泽被杀，贝尔·茵佩丽亚刺死了自己。

赫罗尼莫随后咬断了自己的舌头自杀了。

《西班牙悲剧》复排、改编过很多遍，每一次都大受欢迎。常去看戏的人会注意到莎士比亚的《丹麦王子哈姆雷特的悲剧》和这部戏剧情的相似之处。

他是怎么做到的！

在这么多舞文弄墨的剧作家当中，不论历史剧、悲剧还是喜剧，威廉·莎士比亚似乎一直都是最受伦敦观众欢迎的。（尽管不知何故他确实很喜欢把故事背景放在意大利。他反正也可以说"外国"。这都无关紧要。）莎士比亚署名的作品已经有差不多二十部，但是其中一部作品足以说明他卓越的才能。

《亨利五世》很难算是一部原创作品。一部名为《亨利五世的伟大战绩》（*The Famous Victories of Henry the Fifth*）的粗制滥造之作差不多也流传了有将近二十年了。

英格兰人通过看戏了解国外发生的事情，以此消磨时光。

——托马斯·普拉特，*1599 年*

但是莎士比亚的重塑之作上演后大获成功。你可能会说，这毫不令人惊讶——稚气但是果敢的英格兰王率领人数极少、装备寒酸的弓箭手组成的军队以少胜多，在阿金库尔大败趾高气扬的法国贵族指挥的来势凶猛的军队，很明显是在取悦观众。是的，不过这就是他讲故事的方式。

开场，国王在和众臣议事。把历史背景——为什么亨利是法国王位的合法继承人——铺陈开来，方式巧妙，并没有使观众显得像台上的大臣们那么无知。结尾的时候，获胜的君主被表现得像是个结结巴巴的学童，用一口蹩脚的法语追求法国公主，于是他从一个人人畏惧的君主几乎变成了个笑料。说英语的观众捧腹大笑，也笑话自己——他们心知肚明自己也好不到哪儿去。观众分享了他的荣耀，也对他的蒙羞感同身

伦敦都市传说

伯比奇出演《理查三世》的时候，有一个市民迷上了他，离开剧院之前约定让他以理查三世的名字来和自己私会。莎士比亚偷听到他们的谈话，赶在伯比奇之前去和这位粉丝见面，并且受到款待，两人一通缠绵。伯比奇来了之后通报：理查三世到了门口。莎士比亚回复道：征服者威廉已在理查三世之前捷足先登。

——约翰·曼宁厄姆，*中殿律师学院学生*

受，散场的时候心情振奋，却也面带同情的笑容。

伟大的历史事件和小人物之间总是存在着对照，彼此烘托，严肃的、悲伤的、愚蠢的和壮美的。所有这些，正如歌队所唱，用"四五个蹩脚的陪衬角色"表现出来，正如"广阔的法国战场"如同变戏法般被压缩进了"木头造的环球剧院"（the Wooden O，出自《亨利五世》，指环球剧院剧场的形状，由橡木搭建。——译者注）里。

音　乐

晚餐结束，按照习惯，乐谱摆了出来：女主人翻开一个段落，热情地请我演唱。但是我百般推辞，告知我不会唱歌：之后每个人开始猜测，交头接耳，想知道我是怎么被教养成人的。

*　　　　——托马斯·莫利《实践音乐的建议入门》，1597 年*

如果你在某户私人宅邸做客，那早晚你会被邀请加入演唱的。不管是绅士还是淑女，都懂得如何演唱牧歌，即便是五音

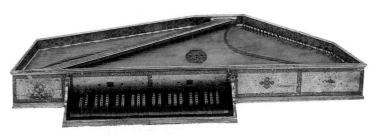

女王本人每天都要弹奏魏吉纳羽管键琴，技术娴熟

不全，驾驭不了独唱。英格兰人热爱音乐，也有充分的理由为他们自己的成就感到欣喜。英格兰音乐教师大受欢迎，声名远播，直至意大利。亨利八世本人会弹琉特琴，并且自己创作了几首歌。女王陛下的魏吉纳羽管键琴技巧娴熟堪比专业乐手。她乘坐皇家游艇在泰晤士河上巡游时，乐师吹奏喇叭和笛子为她伴奏。即便是理发店都通常会有琉特琴供等候的客人消磨时间。威廉·巴斯在其《歌唱技巧入门》（*Brief Introduction to the Skill of Song*）中吹嘘说，一个月时间他教会了一个八岁男孩"拿到手的曲子立刻就会唱，对各个声部、变调、谱号、降调和升调都不再陌生，所以他即便从没有学过这个声部的任何曲目，也能唱得出来"。

唱歌，教育必修课

1）唱歌是一项教起来容易学起来也快的知识……

2）唱歌令大自然欢愉，也有助人的身体健康。

3）唱歌有利于强健胸部，也有助于打开气管。

4）唱歌是治疗口吃的唯一有效的方法。

5）唱歌是练就一口纯正发音以及训练演讲能力的最佳方式。

—— 威廉姆·伯德《悲伤与祈祷的诗篇、十四行诗和歌曲》，*1588 年*

跳　舞

在上流社交圈里，你应该是会跳舞的，如果你是法国人或者意大利人，那就应该跳得很好。女王本人年轻时舞跳得非常好，而且对跳舞充满热情，即便现在也很喜欢看别人跳舞。据法国大使所说："她的宫廷女官跳舞的时候，她的手脚打着拍子，头也跟着节奏在动。如果她们跳得不好就会遭到批评，显然她精通此道，受的是意大利式训练。"

跳舞不需要男女人数相等

　　宫廷舞蹈优雅从容。比如庄重缓慢的帕凡舞，年纪很大的人都可以跳，穿上长裙，甚至会戴上帽子和手套。阿勒曼德舞也是一种行进式舞蹈，但是有三部分。音乐停止，跳舞的人和舞伴交谈；每一次音乐重新响起时会越来越快，最后结束的气氛非常欢快。跳这种舞的时候双脚一直不离开地面，因此它也被视为拖地舞的一种。

　　加利亚德舞（*galliard*）、五步舞（*cinquepace*）、库朗特舞（*coranto*）更为活泼。最为壮观的是沃尔塔舞（*volta*），男士握紧女士的腰部，直接将舞伴举离地面，同时进行旋转。跳沃尔塔舞的时候，最好把佩剑和斗篷都摘掉，免得被绊倒。这些又跑又跳还要托举的舞蹈被称为高舞（*haute dance*）。

　　由笛子和塔波鼓弹奏的简洁乐曲伴奏的乡村舞蹈，有时候也会出现在宫廷里。节日期间，酒馆里、伦敦街头，还有城郊村庄绿地上，平民百姓跳起欢快的吉格舞和圆圈舞。年轻人打情骂俏，互相亲吻。

体育运动

纵狗斗熊和纵狗猎牛

泰晤士河岸区的纵狗斗熊和纵狗猎牛表演已经至少有五十年历史了。熊在英格兰的灭绝意味着斗熊必须依赖进口，价钱十分昂贵。因此，除非是皇室娱乐项目，斗熊往往要表演好几轮，等老板收回了成本才会把熊杀死。此外，熊被杀死后，尸体除了给那些把它咬死的狗吃，就毫无用处了。斗牛要便宜得多，公牛死了肉还可以卖给肉铺，在伦敦更是如此，因为伦敦人相信这种死前遭受过痛苦的牛肉吃起来更为美味。

> **伦敦都市传说**
>
> 有时候纵狗斗熊表演中狗和熊拼斗起来，对于周围的观众来说，他们和场子里的动物一样危险。1554年一只瞎眼的熊挣脱了锁链，把一个男人活活打死了。1583年一个礼拜日的表演中，一段座椅坍塌，直接导致几个人死亡，数十人受伤。市长大人托马斯·布兰克记下了他对此事件欣慰的感受："这充分显示了亵渎安息日招致的上帝的惩罚。"

标准程序是，把公牛拴在木桩上，周围留差不多直径9米的场地供其活动。再把经过特殊训练的猛犬放进来进行攻击，人们把赌注押在它们的表现上。公牛为了自保，并不是把狗直接挑死，而是"把它们挑上天，让它们直接摔断脖子"。注意观察训狗人的技术，他们用长杆截停狗的坠落，让它们不至于摔死。

纵狗斗熊和纵狗猎牛表演在剧院里进行，大型节日期间的表演给老板带来的收入是戏剧演出的两倍。

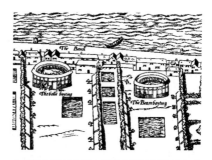

去看猎牛还是斗熊？泰晤士河畔区的两个难以抉择的诱惑。注意犬舍里那一排排拴着皮带，但还是剑拔弩张的猛犬

斗　鸡

在伦敦城里……会举行斗鸡……我看到了斗鸡场，建得俨如一座剧院。中间的地板上有一张圆桌……人们挑逗公鸡互相飞啄……那些下了注的……坐得最近，那些只付了入场费的看客坐得远一些，充满兴趣地看着公鸡斗个你死我活，用它们的爪子和喙在对方身上制造伤口。

——托马斯·普拉特《英伦纪行》，1599 年

那些拒绝争斗或是想逃走的公鸡当场被扭断了脖子。一场致命搏斗的胜利者，不管是否受了重伤，会因为勇敢得到回报，留下来配种，也许还能卖个好价钱。白厅有一个永久性的斗鸡场，但是斗鸡很容易组织，随便找个大点的客栈，在庭院里就够了。

还有另一种节日期间的游戏叫作"扔公鸡"，人们在三四十米以外朝一只拴起来的公鸡扔棍子或石头。把公鸡砸死的人就可以把它带回家吃掉。另一个版本是朝着公鸡扔木棍或石头，看谁

扔得准，能把公鸡砸蒙或是打晕，只要在公鸡醒过来之前跑过去抓住公鸡的腿把它的脖子扭断，就算赢了。忏悔星期二肯定可以看到这种游戏，这是大斋期开始前的一种传统庆祝活动。

狩猎和鹰猎

> 我认为……将此项运动置于首位毫无问题，以我来看，它各方面远胜于其他运动，其优雅从容，最为高贵，其中的智慧和机巧算计，最能体现人的作用，其中付出的努力和坚持，最能体现男子气概和尚武精神。这就是我理解的狩猎……牡鹿、狍子、野兔、狐狸、獾、水獭、野猪、山羊，诸如此类。
>
> ——杰维斯·马卡姆《英国家庭主妇》

向女王陛下呈上一把刀，请她给猎物最后一击，结束它的痛苦

英格兰人把狩猎叫作国王的运动。女王陛下的猎鹰和驯鹰人住在白厅最东边的皇家马厩。圣詹姆士宫、格林尼治宫和里士满宫周围封闭的园囿都是作狩猎场之用，养了不少的鹿和野兔，君主和他的宠臣可以每天在这里打猎舒展筋骨。离伦敦稍远一点儿，一天马程之内，有

赫特福德郡的西奥波兹
宫、萨里的无双宫和汉普
顿宫（见第十一章）附近
的狩猎场。伦敦以北的恩
菲尔德建起了"高塔"，
有四层楼高，女王的父亲
在世时，即便不能再骑马
追逐猎物，也能看得到整
个过程。

伦敦都市传说

每年市长大人和高级市政官都要照例骑马去巡查将水引入伦敦城的水管。巡查之后会举办一场宴席，结束之后他们会去圣吉尔斯教堂以西的旷野狩猎野兔和狐狸。这个地方因此得名 SoHo（音译为苏豪区）——这是打猎时领队喊出的信号，表示："猎物出现了！"

据史铎的记载，伦敦人要是能腾出时间或是逮到机会的话，会比他们实际打猎的次数频繁得多。当然，有些人不惜以身犯险到首都周围的乡间去偷猎，带上捕兽网和套子、弹弓和十字弩。因为这个原因，除非十字弩的主人每年有 100 英镑的收入，否则持有十字弩属于违法。这样的收入意味着他身份高贵，不屑于这种流氓行径。当然，有些人去邻居的地盘偷猎，仅仅是出于恶趣味罢了。

如果是夜里到私人地盘偷猎会被处以死刑，偷猎者伪装起来或是故意遮住面部以防被人认出也是死罪。如果偷猎是在白天，没有伪装，那就会被判以重罪，给予罚款或者坐牢。

追踪狩猎

通常情况下追踪狩猎指凭借猎狗的视力而非嗅觉狩猎，但并非绝对。最初这只是一种追踪练习，让狗把某样物品放到罐子里。但是女王下令由王室典礼官诺福克公爵托马斯拟定一套规则，即《追踪狩猎规范》，这项运动就变成了一项竞技运动。现在所有贵族都遵守这些规则，并以其规范私家园囿中的追踪比赛。

剑　术

本世纪古老的骑士宽刃剑被抛弃了，代之以轻巧细长的双刃剑，更具杀伤性，对使用者的要求也更高。用于防御的小圆盾也换成了一把三角刃短剑，可以阻挡对手并辅助进攻。如今剑术比拼中技巧的作用远胜于力量。剑术技巧必须有人指导并进行长时间的练习。1537 年的时候，意大利剑术大师们似乎已注定要占领首都的剑术学校，亨利八世向伦敦剑术大师公会颁布了章程，承认他们是官方剑术教练公会。

公会成员收取费用教授剑术，同时也靠公开赛赚取收入，这同时也使得他们有机会吸引新的学生。

公开赛通常以列队游行开始，有鼓手伴奏，以吸引观众。一般情况下，竞争者和组织者（同时也是裁判）在黑衣修士区集合——这里有几所互相竞争的剑术学校——然后经由卢德门山进入城区。比

乔治·希尔弗，凭借其对所有武器的丰富知识和各种战斗的丰富经验……惊艳了高贵的、古老的、屡获战功的、果敢的、最为英勇的英格兰人，注意到他们已臣服于意大利剑术老师。

——乔治·希尔弗《防御悖论》，1599 年

赛本身在某个客栈院子里进行。客栈老板可以收一笔固定的场地费，或者从比赛收入中收一部分提成，也可以只靠向看客售卖酒水赚个够。比赛可能会和一场剧院演出时间差不多，因为一般会有四个剑手参加，每人在三种武器中选两种进行两场比赛，总共24 轮比赛才决出最终的胜利者。

骑马冲刺矛靶 / 水上比武

骑马冲刺矛靶过去用来训练骑士使用长矛，现在则通常是节日娱乐项目了。场地里的杆子上有一个可以旋转的假人，两臂伸开，一只手里举着盾牌，这是个伪装，另一只手里则是一个沉重的沙袋。据史铎记载，这项运动在圣诞节期间尤其受欢迎：

> 我曾经在康希尔街利德贺市场旁边看见过一个矛靶……非常受欢迎；没有刺中矛靶粗的一头的人遭到所有人的嘲笑，而正中中心的人，如果骑马闪避不够快的话，会被狠狠砸中脖子……夏季我还在泰晤士河上见过一些冲刺比武的人，人们站在平底船上，手里拿着木棍，木棍前段扁平，（船载着他们）向对方冲去，大部分情况都是其中一个或双双被打翻，掉进水里。

室内网球

据说每一个法国人出生时手里就抓着个网球拍，即便是法国的穷人中打网球的人都和英格兰喝麦芽酒的人一样多。亨利八世非常热衷打网球，此项运动也一直在贵族阶层中非常流行。网球需要有室内球场，耗资不菲，因此它一直是局限于少数有钱人的运动。

网球是从法国传入英国的，在法国比赛以一声 Tenez 开始——因此在英国这项运动得名 tennis。球手手持木制球拍，形状如船桨，以羊肠作弦。网球里面塞的是人的头发，很容易变形，只打一场就报废了。球手朝对方击球，把球打过网，从三面围住球场的棚屋的顶下面打过去。规则和积分系统非常复杂，要想解释清楚得长篇大论才行。

如果打算弄清楚这项比赛，最好找一个有经验的球手去看场比赛。白厅、格林尼治宫和汉普顿宫都有网球场。

撞柱戏

撞柱戏是一种历史悠久的游戏，男女都可以玩。全国各地有不同的玩法，但通常都会有九个木瓶摆成菱形，每个参加的人扔三个球，击倒的木瓶越多越好。每一次扔球之前要把倒下的木瓶重新摆好。这种游戏也叫作九柱戏。比赛可以下赌注，不过通常都是小数目，或者输了的人答应请赢家喝麦芽酒。

> 撞柱戏场除了扔球之外还有三样东西可以扔，扔掉你的才智、时间和金钱，还可以飞喷脏话……参与这项运动最好的方式是……站在旁边看，而且不要下赌注。
>
> ——约翰·厄尔《微型宇宙志》

本世纪一种新的滚球戏开始时兴起来。这种游戏会使用一个靶子球，作为移动的目标，掷球的人用的球重量不匀，球会偏向一边，所以扔出去会走曲线，这就要求掷球的人技术高超。最高等级的贵族喜欢玩这种滚球戏，白厅和汉普顿宫都有专供这种游戏的草坪。年长者而非年轻人尤其喜欢滚球戏，因为这项运动需要的更多是耐性和智慧，而非速度和力量。

伦敦都市传说

每一个伦敦学童都听说过，1588年弗朗西斯·德雷克爵士收到西班牙无敌舰队出现的消息时，正在普利茅斯高地玩撞柱游戏，他留下了以下名言："等我赢了这场比赛再去把西班牙人打个落花流水也不迟。"事实上当时是低潮位，英格兰舰队无法出海，所以德雷克选择玩完这场比赛，以此向他的船长们表示他必胜的信心。

射 箭

> 市民使用长弓射箭的运动……现在已经几乎完全被抛弃了……在室外到处找地方射箭的人们，都挤进了撞柱戏场和玩骰子的房子里。
>
> ——约翰·史铎《伦敦志》，1598 年

如果你被带去看射箭练习，而且非常想下场比画一下——请打消这个念头。射箭事实上比看上去难多了，而且需要从小开始训练，锻炼相应的肌肉和判断风向风速的能力。到二十几岁的时候，他就应该能在一弗隆（200 米）之外命中目标。

长弓现在已经不再是昔日的战争杀器，但是技艺超群的弓箭手仍旧备受尊崇。亨利八世年轻时是个优秀的弓箭手，他赐予罗

杰·阿斯坎姆校长 10 英镑的年薪，作为他撰写射箭术专著《神射手——射箭的艺术》（*Toxophilus, the School of Shooting*）的奖励。这本书里第一次从学术角度支持体育训练是教育必不可少的一部分的观点。

英格兰法律规定女王陛下每一位年龄介于七岁和六十岁之间的男性臣民（牧师和法官除外）均需持有一把与身高等高的弓和相应长度的箭。最好的弓是用紫杉制成的，便宜的则用榆木。但是，现在人们却往往疏于进行常规训练。尤其是在伦敦，以前可以安全练习射箭的场地正在被挪作他用，而且这种现象越演越烈。

仍然喜爱射箭的人主要的练习场是伦敦城以北的芬斯伯里场，这里有差不多 150 个各式各样的箭靶，距离远近不同，从165 米到 350 米都有，这样可以训练弓箭手判断距离。这些箭靶都起了名字代替编号，比如沃克的女装、贝恩斯的脑袋瓜、女王的火刑柱，还有少女羞红的面颊。伦敦塔以东一英里的迈尔安德场有另一个射箭场。弓箭手准备射箭会大喊"快箭到！（Fast！）"以提醒别人注意。如果你听到有人这么喊——请不要动！

打猎的时候仍旧会使用长弓——尤其是盗猎时，因为没有声音。同样的理由，十字弩在打鸟或是野兔之类小动物的时候仍然使用广泛，使用前一般会

伦敦生活

技术高超的弓箭手可以在300步之外命中目标，和枪的射程一样。枪从装弹到射击要花将近两分钟。训练有素的弓箭手一分钟可以射出10—12支箭。尽管如此，枢密院于1595年下令，女王陛下的卫队和伦敦民兵团弃用长弓，改用火绳枪和火枪。

进行改造，射出小铅弹和黏土球。鸟闷声栽下树来，打猎的人还有机会再射杀一只，而枪声就会把鸟全惊飞了。

摔 跤

> 每个人都在努力以对自己有利的方式抓住对方，争取把对方摔倒；不管哪一方，把对方摔到地上，使其背部着地，或者一侧肩膀和另一侧足跟着地，就被记为把对方摔倒。
>
> ——R.卡茹《康沃尔志》

摔跤在穷人中很受欢迎，但是亨利八世也很喜欢摔跤，不管是旁观还是自己下场都兴致盎然。英格兰各个地区摔跤流派完全不同。所以，北部偏远的坎伯兰郡和威斯特麦兰郡是一派，附近的兰开夏郡是另一派，远在西南边的德文郡和康沃尔风格又是一变。全国各地的人都会到伦敦来，所以在伦敦几乎有机会见到各种风格的摔跤。摔跤比赛是每年八月第一天的收获节庆祝活动的保留项目。

足 球

> 超过一百个互不相识的恶棍非法聚集起来，玩一种非法的叫作足球的游戏，在此过程中打架斗殴不断，很有可能导致死亡和严重事故。
>
> ——《米德尔塞克斯郡季审法院记录》，1576 年

足球只需要有个球就够了，也没有什么规则。这项运动通常在邻近的村子之间进行，每个村子的男人都拼命把球从两个村子中间的起点弄回他们自己的村子。在首都，经常是伦敦城和西敏寺两方学徒之间的较量。把对方绊倒、拳打脚踢，种种动作在观众看来，都很像是聚众斗殴。政府当局对足球运动大为头疼，女王、市长大人还有地方行政官都曾屡次禁止足球运动，因其妨碍公众秩序，会令女王陛下的臣民受到不必要的伤害，而且会使人们无心练习射箭。但是英格兰人似乎对这种消遣上了瘾，置所有的禁令于不顾。

十一 伦敦周边

令人愉悦的地方 & 往东去 & 其他方向
& 伦敦的生命线 & 著名宅邸

越来越多的伦敦人开始认为,伦敦变得越来越大,越来越嘈杂,越来越让人眼花缭乱,要想在伦敦住下去唯一的办法是偶尔逃离伦敦一下。因此在本书最后,推荐几个伦敦郊区休闲度假的地方。

令人愉悦的地方

> 对最讲究的上流人士和贵族来说,体面的生活是在城郊居住(如果可能的话),因为一般来说郊区的空气新鲜,环境干净卫生,和城市中心的距离保证了远离喧嚣,因此也很清静……而且城郊的房子很多都非常宽敞,拥有令人愉快的花园和果园。
>
> ——《文明生活和乡村生活》,1576 年

所有的人都在谈论城市的不断扩张,侵占了周围的郊区。

史铎回忆,他童年时候伦敦的东边,小男孩还可以在城墙外树篱上摘浆果吃,买到刚挤出来还温热的牛奶。他表达了对迈尔安德变成现在这副模样的厌恶——"这块公共区域,曾经是这一带最美丽的地方,现在密密麻麻盖满了肮脏丑陋的棚屋……周围

是篱笆、粪堆，某些地方拥挤不堪，很难算是马车和牛群可以通过的大路。"

往东去

泰晤士河下游紧邻的河畔区域没有什么值得一提的去处，但是从那里往北两三公里那些外围居住区就挺适合去走一走的。出城往东，沿路的救济院房舍证明了这里不仅宜居，而且适合养老。

肖迪奇是伦敦最早的剧院区，这里现在仍然住着很多演员和剧作家，他们都在圣良纳堂区教堂参加礼拜并最终葬在这里。东面的白教堂是伦敦出名的铸钟场。贝斯纳绿地上矗立着科比堡，城市商人约翰·科比爵士建造的漂亮城堡。往南在可以追溯到撒克逊时期的圣邓斯坦堂区教堂对面，是大宅，这曾经是担任伦敦市市长的亨利·科莱特爵士的住宅，托马斯·克伦威尔失宠前也曾在此短暂住过。一条铺好的路从这里直通到利河上的弓桥，这里是垂钓者的乐园，也是米德尔塞克斯郡和埃塞克斯郡的分界线。上游直通到老渡口的潮汐河利河，两岸排满水磨坊，把赫特福德郡和埃塞克斯郡的谷物磨碎，送到斯特拉福德面包师的烤炉里。编篮子和席子的人仍然会到这里来找作原料的柳条和芦苇秆，但是已经有荷兰人在这里建起了染坊制作红色布料，所以其他工厂估计很快就会侵占这个好地方了。同时弓桥畔布罗姆利的妇人们很乐意来兜售自家烤的鳗鱼派或是樱桃奶油。再往东走，过了斯特拉福德，罗姆福德有一个很大的贩牛市集。在伦敦最主要的渔港巴金，河边上你可以看到英格兰第二大女修道院的残垣断壁。

其他方向

伦敦城以北的克勒肯维尔有舰队河的滋养，曾经是一个宗教区域，有一个女修道院、救护骑士团小修道院和加尔都西会隐修院。女修道院的葡萄园早已废弃，教堂则归当地教区所有。隐修院以女王的名义改建成了一座宅邸。圣约翰小修道院大部分都被拆掉用作建筑材料，只有门道得以幸存，成为宫廷游艺总管埃德蒙·蒂尔尼的办公室，舞台上演的所有戏剧节目都需要先得到他的许可。想见莎士比亚、琼生、戴克或是纳什本人的话，在这附近溜达估计不会失望而返。一些名门望族——卡文迪什、伯克利和查洛纳，都在这里建有宅邸。但是特恩米尔街据说是妓院和窃贼开餐的地方。

过了克勒肯维尔，在伊斯灵顿，你可以消磨一个下午打打野鸭，大快朵颐当地特产——加香料的蛋奶糕。天黑之后不要在此逗留，因为这里温暖的壁炉会吸引来很多为了个钱袋就能毫不犹豫割开你的喉咙的人。据女王陛下的御用地图制作师约翰·诺登记载，古老的圣潘克拉斯教堂附近和伊斯灵顿以东是同样的情况："这个地方和过去一样为众人所离弃，正派人除非为了参加宗教活动，否则不会到这儿来，这里充斥着恶棍、无业游民、妓女和窃贼，这些人

伦敦语言

commodity 方便
dole 赈济品（通常指面包）
laystall 粪堆
Master of the Revels 宫廷游艺总管
quartan 每隔三天发生的
stews 妓院

聚在这里不是为了祈祷，而是在等待猎物，落入他们手里衣冠楚楚的倒霉蛋能赤身裸体逃脱已经算运气好了。天黑之后不要去那附近。"

哈克尼是一个长条形的疏落的村子，主要是因为第十七世牛津伯爵爱德华·德维尔的宅邸在此，他是伯利勋爵的女婿，勇猛的骑士，天才诗人，决斗时杀过人，也是一个花花公子。人人都记得是他从意大利引入了绣工精巧、带有香味的手套，且成为时尚，反而不太记得据说他也写过剧本。德维尔现已从宫廷卸任。

高门在一个陡峭的山丘上，有几个水塘，爬上山来你可以在那儿饮一下疲惫不堪的马。当地传说把这些水塘归于一个隐士的

伦敦都市传说

加尔都西会隐修院据说是伦敦最后一个有重要地位的隐修院，由百年战争的英雄沃尔特·德曼尼爵士于1371年建造。加尔都西会僧侣每周如隐士般生活，礼拜日聚集在一起做弥撒领圣餐。隐修院拒绝各种舒适生活，也远离流言蜚语和腐化堕落，直到最后都为伦敦人民所尊重。即便如托马斯·莫尔爵士般严格笃信宗教也不例外，他甚至在审慎考虑要加入隐修会。讽刺的是，亨利王下令解散隐修会时，加尔都西会隐修院首当其冲，是第一个遭到镇压的，可能是为了警告那些更为松散的组织。隐修院会长修顿在泰伯恩刑场被吊死，开膛分尸，他的胳膊钉在他之前的住处门上。其他的僧侣除了被吊死和在伦敦塔里饿死的，都逃到了国外。

卡农伯里塔，伊斯灵顿一座历史久远的建筑，几年前被伦敦市市长约翰·斯宾塞爵士装饰一新。最近这里成了流言的焦点：斯宾塞关在塔里的女儿伊丽莎白坐在一个筐里逃了出来，和身无分文、乔装成面包房学徒的康普顿勋爵私奔了。约翰爵士取消了女儿的继承权，但是女王陛下哄骗他和女儿达成了和解——女王亲自请求他照看一对新婚的穷夫妻的孩子（其实是他自己的外孙）。

功劳，他自愿苦修，挖石修补到伊斯灵顿的路，诺登宣称高门是"非常宜人的住所，但是并不太有益于健康"，"空气甜美舒适"。过了高门，汉普斯特的巨大灯塔，曾经在西班牙无敌舰队进犯的时候点燃报警，无时无刻不在提醒善于思考的旅行者王国历史上的转折点。你也可以爬上一棵刻有梯级的巨大榆树，从树顶可以俯瞰整个伦敦。

伦敦西面沿泰晤士河而上，河边是切尔西，这里遍布豪华住宅，曾经是亨利八世和托马斯·莫尔爵士青睐的地方，后来什鲁斯伯里伯爵、诺福克公爵和舰队总司令也在这里安家。再往前走，伦敦主教主要的夏宫就在富勒姆。你可能会误认为这是一所学院，整栋建筑围绕一个四方庭院而建，装饰着以红色和紫色的砖拼出的菱形图案，非常时髦。进门要通过一个城堞式的装饰着尖塔的门楼。这里的果园和菜园面积巨大，出品上乘，非常有名。

继续沿河而上，坐船很容易到达的布伦特福德，是一个河边的原生态乡村，伦敦人熟知的"度假胜地"，这里有几个客栈，比如三只鸽子客栈，来度假的情侣在这里会享受到舒适、干净和私密的服务。

沃尔普：我们会坐上马车往汉姆那边去。

谭德虎克：噢，天哪！马车——我可受不了那个颠簸。

梅布尔：但是你们很多人的老婆可是喜欢摇晃呢！

高兹兰：我们去布莱克沃尔或是莱姆豪斯如何？

朱迪斯：那儿的每个房间都是一股焦油味儿。

> 林斯托克：那我们去布莱恩福德我房东道格博特家吧。
> 那可是眼不见为净；独立的房间，舒服的亚麻床单，
> 服侍周到，你想得到的都有！
> 所有人：棒极了！去布莱恩福德！
> 梅布尔：好啊好啊，我们坐船去！
>
> ——戴克与托马斯·韦伯斯特《向西去啊！》

泰晤士河南岸，旧西敏宫的上游，兰贝斯宫四个世纪以来一直是坎特伯雷大主教的伦敦行宫。你可以坐能够载马的渡船过河到那里去，渡船在这里过河，过路费的收入归大主教所有。一周三次会在宫殿高大的大门口向穷人派发小额的救济款。兰贝斯其余的地方大部分是湿地和蔬菜农场。从这儿往下游走是南华克，伦敦泰晤士河南岸唯一有大片建筑的地区。过了南华克，东南面狂风呼啸的布莱克希斯平原到处是拦路抢劫的强盗。再往南20公里，克罗伊登村里有坎特伯雷大主教的另一处大宅。这周围长满了核桃树。

伦敦的生命线

在伦敦周边诸郡旅行，有心的旅人也会注意到伦敦的必需品都来自何方。萨里郡的沙质土壤不适合密集型园艺栽培，当地人已经非常善于打理他们的林地，为伦敦供应壁炉用的木柴，建造房屋用的木料和板材，编织篮筐的柳条，诸如此类。伦敦以西的米德尔塞克斯郡，从豪恩斯洛的赫斯顿一直向北延伸至山上的哈洛，然后直到平纳，是全国最优秀的小麦种植带之一。女王陛下

食用的面包只使用赫斯顿小麦。伦敦北面的赫特福德郡供应酿制啤酒的大麦。每周一商贩们聚集在巴奈特一周一次的骡马市场，如果喜欢吃马肉的话，这里有的是免费品尝的好机会。

诺登对东面的埃塞克斯情有独钟："最为肥沃、物产丰富、有各种利润丰厚的产品，（就我所知）农副产品的出产超过其他任何郡县……英格兰的丰饶之地，最为肥沃的土壤：可以比拟流淌着牛奶和蜂蜜的巴勒斯坦神圣之地。"毗邻伦敦的地区盛产牛奶、黄油和乳酪，北面出产品质优秀的啤酒花、玉米和羊毛。距离白厅只有 32 公里的翁加附近茂密的森林中，马鹿和黇鹿成群结队。尽管如此，诺登对旅行者还是有一个忠告："但是我并不能保证这里干净卫生，尤其是沿海地区……以及小海湾附近的低地，我在那儿得了非常严重的四日疟。"这种危险确实令游客望而却步，而且，这也可以解释（至少是一部分原因）为什么埃塞克斯海岸沿线那些人迹罕至的海湾成了走私者的乐园。

著名宅邸

西奥波尔德庄园

赫特福德郡切森特的西奥波尔德庄园最初是作为乡村别墅建造的，在伦敦以北，骑马一天即可轻松到达，因此大多数外国游客都将其列入行程之中。女王因各种活动至少去过 12 次。庄园设计为 5 个连续的庭院，总计 400 米长，这使其成为仅次于汉普顿宫的英格兰第二大庄园。又补建了 5 个拱廊供女王天气不好的时候在室内进行锻炼。

据符腾堡公爵记载，尽管伯利大人对绘画作品的兴趣远逊于雕塑，西奥波尔德庄园里还是挂了"很多油画作品，还有基督教王国所有重要的、出众的城镇描摹准确的风景画"。超过 100 米的绿廊陈列着英格兰每一个郡的贵族和绅士阶级的盾形纹章，还有每个郡的农畜产品特产，比如兰开夏郡的燕麦和体形巨大的海狸，白金汉郡用于制作工具的山毛榉，还有苏萨克斯郡的铸铁器。晚上可以到屋顶上，在天文学家步道上仰望星空。屋顶破天荒地修成了平的，这样女王在天气晴朗的时候可以上去散步。伯利大人总共在这所房子上花了 25000 英镑。

在西奥波尔德的房子最初建造的时候我只是采用了中等标准，但是因为女王频繁大驾光临，为了让陛下满意我不惜一切，毫不吝惜把它建好。

——伯利勋爵威廉·塞西尔

庭院里至少有四个花园，即便庄园闭门谢客，这些花园也值得一逛。伯利勋爵的顾问园艺师是约翰·杰勒德，著名的《草木志》的作者。在占地达 8000 平方米的大花园周围不是围墙，而是一条灌溉渠。你可以在其中的迷宫里晕头转向，在纯白的大理石喷泉前目眩神迷，在人造山丘上极目远眺，参观凉亭里的 12 尊罗马皇帝的大理石像，在一个专门的鱼塘里钓鱼，在湖上泛舟，或者在一艘制造精巧的模型船前赞叹不已。

格林尼治宫

我们看到了很多精美的物品，其中有一副价值不菲的十五子棋，是萨克森选侯克里斯蒂安送给女王的礼物。接着展示给我们的是精致的大型镀银写字桌……做成本地人形象的小盐瓶……展示柜上是一个长长的金银线织成的罩布，展示的是女王坐在马车里的场景……罩布是用孔雀羽毛缝在一起的，非常漂亮……两个制作精美的大地球仪展示着天体与地球……所有这些……都是各位伟大的君主送给女王的礼物。

——托马斯·普拉特《英伦纪行》，1599年

从伦敦塔沿泰晤士河往下游走8公里就到了格林尼治宫，正如其父一样，这里也是女王最喜欢的行宫。父女两人都是在这里出生的。宫殿后面用围墙圈起的御苑有自己的鹿群，女王可以在这里打猎或是放鹰。宫殿正面直接通到泰晤士河边，往来穿梭的船只使得河面总是生气勃勃。曾经被冠以"愉悦之地"的格林尼治宫，由亨利八世进行了大规模扩建，增加了一个骑士比武场和一个大型宴会厅。他还建了一个制造盔甲的工

伦敦都市传说

阿拉贡的凯瑟琳王后因为拒绝接受自己和亨利王长达二十年的婚姻自始至终是无效的，实际上于1529年到1531年间被囚禁于格林尼治宫。也许正是这种无端加诸其母的侮辱让玛丽女王始终都不喜欢格林尼治宫，极少到那里去。有一次她驾临格林尼治宫，鸣礼炮致敬的时候，一颗炮弹从她的房间穿墙而过，"把她和她的女官们都吓得够呛"。

从格林尼治宫远眺伦敦所在的谷地，风景非常秀丽

场，雇用的都是德国金属工匠。

德特福德

从伦敦出来，快到格林尼治之前，就会路过蓬勃发展的工业乡村德特福德，亨利八世在这里建立了皇家造船厂，为皇家海军建造和维修船只。你也可以参观不远处在伍尔维奇的另一个皇家造船厂。

里士满宫

伦敦泰晤士河上游的这座河畔宫殿是女王的祖父亨利七世建造的。这里原来有一座皇家宅邸，名为希恩（Sheen），毁于火灾。亨利七世以自己在约克郡的公爵封地将其重新命名为里士满宫，并在这里建造了第一个皇家图书馆。宽敞的大厅里有十一座与人等高的雕像，其原型都是英格兰最有名的国王，礼拜堂里平行排列着一组最为虔诚的国王。这些慷慨的资助让那些说他是吝啬鬼的谣言不攻自破。

大果园为王宫厨房提供了丰富的食物。私有果园和花园周围都是木结构的游廊，里面有凉亭可以下棋、玩骰子和纸牌。这里还有撞柱戏场、箭靶和网球场。因为女王夏天经常在这里处理政务，不少廷臣都在附近置有宅邸，以便随时接受女王召见。

汉普顿宫

> 我们被领进两个大房间，名为觐见室，房间里金银线和丝线织成的壁毯金碧辉煌……华冠之下是用珍珠拼出的字 vivat Henricus Octavus（亨利八世万岁）。这里紧挨着一个小礼拜堂，挂满了壁毯，女王在这里做祷告……其他所有的房间，数之不尽，都装饰着金线银线织成的和天鹅绒的帷幔，饰有金银线的坐垫……床罩和被单以白色鼬皮镶边：一言以蔽之，王宫的所有墙壁都是金碧辉煌的。
>
> ——保罗·亨茨纳《英伦游记》，1598 年

汉普顿宫由亨利八世的首席大臣沃西主教于 1514 年开始修建。

原址已经有一座带有壕沟的庭院式住宅。沃西立刻在此基础之上加上了一个长长的回廊，还有大面积的厨房、马厩、储藏室等，以便在这里招待大批客人，尤其是国王和他的随行人员。主教大人下定决心既要把宅邸建得富丽堂皇，又不能牺牲舒适性，他不惜血本，把水源从 5 公里外的康贝山上接了过来，用的都是铅制水管——而非很容易漏水的榆木水管，中间穿过索比顿村，还要从霍格斯米尔河和泰晤士河河底通过。主教大人接着又建了

随波而行。坐船到汉普顿宫，即便是顺流的时候，也要花上几个小时

第二个庭院，一组雄伟的皇家房间，要从一段宽阔的台阶拾级而上。意大利艺术大师乔万尼·达马亚诺接受委托，制作一组古罗马皇帝的赤陶头像装饰新的庭院。德国艺术家艾哈德·舍恩设计了新礼拜堂的彩色玻璃窗。一位威尼斯使节估算，宴会厅餐边柜里陈列的金银餐具估计价值 25000 英镑，房子里所有的金银餐具总价值估计是这个数字的六倍。沃西收藏的六百幅挂毯几乎可以肯定比国王所拥有的还要多。国王很显然对汉普顿宫印象非常深刻，至少来了不下十六次。

　　1525 年，沃西深感自己的豪奢招致皇室妒忌，预感到会触怒国王，找了个机会将汉普顿宫送给了国王。国王陛下为表公平，允许沃西保留一套房间，并且把里士满宫分了一部分供沃西自用。亨利王立刻着手进行大规模扩建。到 1527 年法国使节看到汉普顿宫的时候，宫殿已经有 280 个房间了。1540 年尼古拉斯·欧辛安装了一个令人惊叹的钟表，可以展示时间、日期、月相、黄道十二宫，还有伦敦桥高水位的时间。到亨利八世去世时，他花在汉普顿宫上的钱已经达到 62000 英镑，使其成为伦敦以外最大的皇家行宫。

女王有时候会在汉普顿宫过圣诞节，因为其规模庞大，有充足的空间可以安排各种庆祝活动，但是她并不喜欢这个地方。原因可能是她刚刚登基没几年的时候，差点儿因为天花病死在这里。这件事在女王面前是不能提的。

托马斯·普拉特最近一次参观汉普顿宫时，对宫殿赞叹不已："迷宫，……还有两座大理石喷泉……当你迷失在其中时，不仅味道、美景、气味都那么迷人，鸟儿欢快的鸣唱和喷泉四溅的水声听起来也是如此悦耳；这诚然是人间天堂啊。"

无双宫

无双宫位于萨里郡，在尤厄尔附近。离汉普顿宫一小时马程。亨利八世建造这处宫殿作为狩猎行宫，也用来招待外国客人（更准确地说是为了向他们炫耀）。正如其名所示，这座宫殿世上无双。

再没有哪一座皇家宫殿如此鲜明地展示着君主的权力。汉普顿宫的所在地原来是卡丁顿村，整个村子被夷为平地，

宫殿的建筑豪奢异常，集合了各种罕见的工艺，极尽炫耀之能事；看到的人估计会认为，所有的建筑技巧都在这座宫殿集于一堂，聚沙成塔。如此多的雕像和生动的画作，如此多的奇迹……工程似乎要与罗马古迹一较高下，丝毫不输于罗马，当得起无双之名。

——威廉·卡姆登《不列颠志》，1586 年

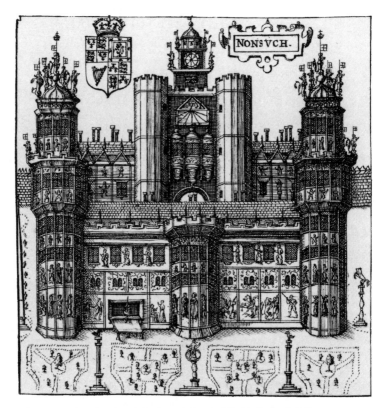

要招租吗？拥有五十座宫殿的亨利八世从来没有腾出时间来无双宫小住

教堂也未能幸免。四平方千米的土地违背地主意愿被强制买下圈
进了围墙。好几条公路改道。宫殿的地基用的石头来自附近被拆
除的莫顿小修道院。从海外招募了专业工匠负责宫殿的修建和内
部装潢，由两个意大利大师监管，一个是帕度亚的约翰，另一个
是佛罗伦萨的安东尼奥·托托·阿南齐亚塔。

　　和汉普顿宫不同的是，无双宫并不以规模宏大令观者瞠目。
宫殿只有两层，包括两个庭院，在宫殿建筑里算是规模很小了。

但是其整体装饰风格却是极其繁复又不失精巧，烟囱、角楼、尖顶、小穹顶和雉堞布满天际，正立面装饰着灰泥的装饰图案、嵌板、匾额和画像，整个开放式景观中，喷泉、雕像、石柱和小尖塔点缀其中，还有一条拱道，一座如金字塔般的锥形塔，一座宴会厅和英格兰第一座花园中供休闲的洞室。讽刺的是，国王只在无双宫待过四天，宫殿到他去世的时候已经建了十年，仍未完工。玛丽女王把无双宫卖给了阿伦德尔伯爵，伯爵经常在这里招待当今的女王陛下打猎。他的继承人最近把宫殿又卖给了女王陛下。女王陛下从未建造过任何新的宫殿——但她并不介意买上几座。

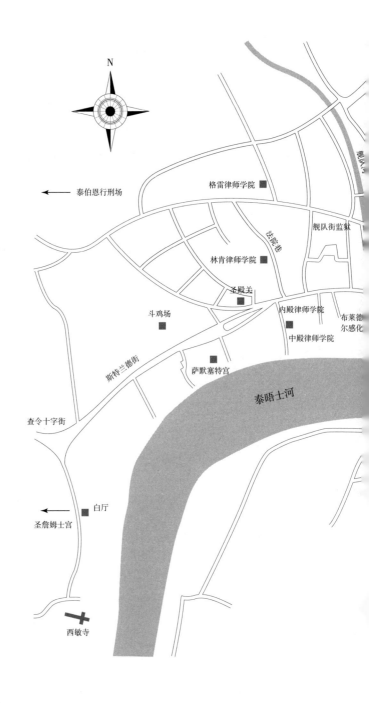

N

泰伯恩刑场 ←

格雷律师学院

法院巷

舰队街监狱

林肯律师学院

圣殿关

内殿律师学院

布莱德
尔感化

斗鸡场

中殿律师学院

斯特兰德街

萨默塞特宫

泰晤士河

查令十字街

白厅 ←

圣詹姆士宫

西敏寺

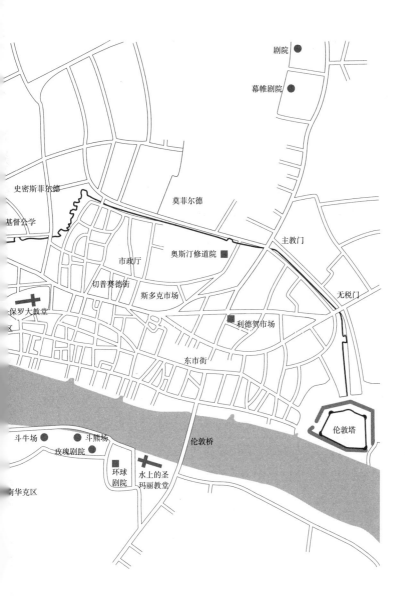

剧院 ●

幕帷剧院 ●

史密斯菲尔德

基督公学

莫菲尔德

主教门

市政厅

奥斯汀修道院 ■

切普赛德街

斯多克市场

无税门

保罗大教堂

区

利德贺市场 ■

东市街

伦敦塔

斗牛场 ●

斗熊场 ●

玫瑰剧院

伦敦桥

环球
剧院

水上的圣
玛丽教堂

南华克区

作者的话

这本指南所描绘的是 1599—1600 年间的伦敦。我尽力使书中所述符合这一时期的风物。在此向我的朋友们表示感谢：伯贝克学院的迈克·柏林（Michael Berlin），他为我提供了参考书目方面的建议；历史文化出版社的约翰·理查森（John Richardson），他慷慨提供了大量有关伦敦的藏书供我参考。感谢泰晤士与哈德逊出版社的柯林·里德勒（Colin Ridler）超乎寻常的耐心和处事周到，苏菲·麦金德（Sophie Mackinder）的职业素养和工作热忱，卡琳·弗雷默（Karin Fremer）的精彩设计，爱丽丝·福斯特（Alice Foster）和萨利·佩利（Sally Paley）所做的图片调研，以及西莉亚·法尔科纳（Celia Falconer）的帮助。最后，我要感谢我的妻子希拉，感谢她一直以来对我的支持，还有我的女儿维多利亚和艾莲娜，感谢她们为我带来的启发和解读。